民生

关切事

洪向华 ○ 主编

山东人民出版社·济南

国家一级出版社 全国百佳图书出版单位

图书在版编目（CIP）数据

民生关切事 / 洪向华主编 . -- 济南 : 山东人民出版社, 2025. 2. -- ISBN 978-7-209-15301-0

Ⅰ . D669.3

中国国家版本馆 CIP 数据核字第 2024ZB6308 号

民生关切事
MINSHENG GUANQIE SHI

洪向华　主编

主管单位　山东出版传媒股份有限公司
出版发行　山东人民出版社
出 版 人　胡长青
社　　址　济南市市中区舜耕路517号
邮　　编　250003
电　　话　总编室（0531）82098914
　　　　　市场部（0531）82098027
网　　址　http://www.sd-book.com.cn
印　　装　山东华立印务有限公司
经　　销　新华书店

规　　格　16开（169mm×239mm）
印　　张　17
字　　数　177千字
版　　次　2025年2月第1版
印　　次　2025年2月第1次
ISBN 978-7-209-15301-0
定　　价　59.00元
　　　　　如有印装质量问题，请与出版社总编室联系调换。

前　言

解决人民群众的操心事烦心事揪心事 增强人民群众的获得感幸福感安全感

　　什么是民生？民生通常指民众的基本生活需求和社会福利，不仅涵盖衣食住行等日常生活需求，还包括就业、娱乐、家庭、社团活动等更广泛的方面。可以说，民生涉及与人民生活密切相关的一切事务，包括物质需求、精神文化、政治生活等。毛泽东曾经说过："解决群众的穿衣问题，吃饭问题，住房问题，柴米油盐问题，疾病卫生问题，婚姻问题。总之，一切群众的实际生活问题，都是我们应当注意的问题。"2019年5月，习近平总书记在"不忘初心、牢记使命"主题教育工作会议上的讲话中指出，为民服务解难题，重点是教育引导广大党员干部坚守人民立场，树立以人民为中心的发展理念，增进同人民群众的感情，自觉同人民想在一起、干在一起，着力解决群众的操心事、烦心事，以为民谋利、为民尽责的实际成效取信于民。2020年6月，习近平总书记在宁夏考察时，深入农村、社区、扶贫车间等进行调研，强调要坚持以人民为中心的发展思想，切实解决好群众的操心事、烦心事、揪心事，扎实做好下岗失业人员、高校毕业生、农民工、退役军人等重点群体就业工作。这既是党和国家领导人民本情怀的真实展现，更是对当代共产党人初心使命的深刻书写。

民生都是小事，是人民群众的操心事、烦心事、揪心事。从民生的字面意思来看，民生包括老百姓的衣食住行等方面。从毛泽东的论述来看，民生包括群众的穿衣问题、吃饭问题、住房问题、柴米油盐问题、疾病卫生问题、婚姻问题等一切群众的实际生活问题。从习近平总书记的论述来看，民生就是群众的操心事、烦心事、揪心事。新时代，老百姓到底有哪些操心事、烦心事、揪心事呢？比如说，如何解决快速数字化转型给老年人带来的问题？如何解决吃得好、吃得安全问题？如何解决看病难、看病贵问题？如何解决生得安、育得好问题？如何解决教育资源不均衡问题？如何解决高校毕业生就业难问题？如何解决社会养老服务不健全问题？如何解决城市新市民、青年人住房问题？如何解决不动产权证办理难问题？如何解决老旧小区拆迁改造问题？等等。这些事都是老百姓关注的身边事，也都是操心事、烦心事、揪心事。

民生又无小事。解决人民群众的操心事、烦心事、揪心事，才能增强人民群众的获得感、幸福感、安全感。民生问题表面看起来都是柴米油盐酱醋茶、生老病死的日常小事，但是每一件事又都不是小事。每一件事对于普通老百姓来说，都是大事。有些事靠老百姓自己是解决不了的，需要党和政府从宏观政策上作出规定才能有效解决。而且，有些问题积累了很多年，积重难返，也不是一时半会儿就能解决的，需要久久为功才能逐步解决。这些事得到有效解决，老百姓的获得感、幸福感、安全感才能增强。解决人民群众的操心事、烦心事、揪心事，增强人民群众的获得感、幸福感、安全感，必须坚持问题导向，针对人民群众最关心最直接最现实的利益问题，坚守底线、突出重点、完善制度、引导预期，做到老百姓关心什么、期盼什么，改革就抓住什么、推进什么；人民群众哪方面感觉不幸福、不快乐、不满意，我们就在哪方面下功夫，千方百计为群众排忧解难，通过改革发展，让群众看到变化，得到实惠。毛泽东指出："真心实意地为群众谋利益，解决群众的生产和生活问题，盐的问题，米的问题，房子的问题，衣的问题，生小孩子的问题，解决群众的一切问题。我们是这样做了么，广大群众就必定拥护我们，把革命当作他们的生命，把革命当作他们无上光荣的旗帜。"只要党和政府时刻把人民群众放在心中重要位置，人民群众就会把党和政府放在心中重要位置，这样党和政府就能收获信任，赢得最广泛、最持久、最坚实的执政根基。

民生保障工作没有终点，只有新起点。习近平总书记指出："保障和改善民生没有终点，只有连续不断的新起点，要采取针对性更强、覆盖面更大、作用更直接、效果更明显的举措，实实在在帮群众解难题、为群众增福祉、让群众享公平。"做好民生工作，就要想民之所想，忧民之所忧，进一步完善社会保障体系，切实落实"学有所教、劳有所得、病有所医、老有所养、住有所居"等民生问题。2024年12月召开的中央经济工作会议提出了九项工作任务。其中第九条压轴的任务就是加大保障和改善民生力度，增强人民群众获得感幸福感安全感。实施重点领域、重点行业、城乡基层和中小微企业就业支持计划，促进重点群体就业。加强灵活就业和新就业形态劳动者权益保障。落实好产业、就业等帮扶政策，确保不发生规模性返贫致贫，保障困难群众基本生活。推动义务教育优质均衡发展，扎实推进优质本科扩容。实施医疗卫生强基工程，制定促进生育政策。发展社区支持的居家养老、扩大普惠养老服务。坚持和发展新时代"枫桥经验"，加强公共安全系统施治。

做好民生工作，必须保住基本、补上短板、兜好底线。在我国经济转型升级、爬坡过坎的关键时期，低收入群体和困难家庭可能会面临更多压力。广大党员干部要认真按照习近平总书记的要求，兜住保障群众基本生活这条民生底线，在医疗、养老、住房等方面提供基本保障，让群众病有所医、老有所养、住有所居。对困难群众，要多做些雪中送炭、急人之困的工作，认真落实低保、优抚、救助等政策，筑牢社会保障安全网的网底，为最广大人民群众筑就坚实的幸福底线。立足当前，着眼长远，加快出台一系列旨在保基本、守底线的民生措施。

时代在变迁，社会在进步，保障和改善民生没有终点，只有连续不断的新起点。党员干部要及时准确了解群众所思、所盼、所忧、所急，把民生工作做实、做深、做细、做透，把人民利益维护好、实现好、发展好。

洪向华

目 录

前言 解决人民群众的操心事烦心事揪心事

　　　　增强人民群众的获得感幸福感安全感　　　　　001

一　突破数字化盲区，破除老年人"数字围城"　　　001

二　保障人民"舌尖上的安全"　　　　　　　　　009

三　从"病有所医"到"病有良医"　　　　　　　019

四　完善生育政策支持体系，使老百姓放心生、安心养　029

五　更好满足群众对上好学的期待　　　　　　　039

六　放飞青春梦想，实现高校毕业生高质量就业　048

七　要让所有老年人都能有一个幸福美满的晚年　057

八　多渠道解决"住有所居"，高质量实现"住有宜居"　067

九　"减证便民"破解不动产权证办理难问题　　078

十　加快老旧小区拆迁改造，提升人民群众生活品质　087

十一　做大"蛋糕"，分好"蛋糕"　　　　　　096

十二　加强源头治理，让城市停车不再难　　　105

十三　完善保障体系，保护弱势群体　　　　　114

十四　加强新就业形态劳动者权益保障，增进人民福祉　125

十五　治理网络直播乱象，营造风清气正的网络直播环境　　134

十六　整治网络暴力，守护好网络精神家园　　142

十七　打击治理电信网络诈骗犯罪，

　　　守护人民群众的生命财产安全　　150

十八　治理农村人居环境，建设好生态宜居的美丽乡村　　159

十九　青山就是美丽，蓝天也是幸福　　168

二十　让更多中小微企业和个体工商户实现"大梦想"　　178

二十一　筑巢引凤，让乡村人才不再缺失　　186

二十二　变荒为宝，有效解决农村土地丢荒问题　　195

二十三　推进移风易俗，焕发乡村文明新气象　　205

二十四　解决农村冬季取暖问题，让群众不再"挨冷受冻"　　214

二十五　多措并举，解决农村出行问题　　223

二十六　解决农村留守儿童和妇女关爱救助问题，

　　　　让他们感受到社会主义大家庭的温暖　　231

二十七　文化供给从"缺不缺、够不够"

　　　　向"好不好、精不精"转变　　240

二十八　精心守护文化遗产，更好传承历史文脉　　250

后记　　259

一 突破数字化盲区，破除老年人『数字围城』

2021年，因为老伴儿爱吃肉，为给老伴儿解馋，89岁的舒奶奶开始学习网购，尝试着在某网店下单了一组扣肉。因年龄较大，舒奶奶只会选择商品、点击购买这样的简单操作。智能手机的相对普及以及"数字中国"建设帮助普通人搭上时代快车，共享发展成果。但是在数字化快速发展的社会中，在我们眼中日益便捷的社会里，老年人却面临"数字鸿沟"，正在"四处碰壁"。

老年人在数字化转型中所面临的困境主要表现在以下几方面：**一是**网络购物难。动动手指，坐在家里就能收货，网购确实方便了不少老年人，但是货不对版、退换流程烦琐等给老年人带来极大的困扰。二是就医网上预约挂号难。为了使民众足不出户就能在家挂号，当前很多医院通过公众号或小程序等发放号源，甚至需要民众固定时间挂号，这使还不会使用智能手机的老年人，就医更加艰难。三是网络约车难。出行是老年人日常生活中的高频事项。不少老年人感叹，外出打车太难，约车软件不会操作，只靠招手有时打不到车，线上支付又搞不定。**四是**便民技术不便民。"互联网＋政务服务"极大地方便了人们的生活，如老年人每年的社保认证，不用再到现场，只需通过手机进行"人脸认证"。但是，很多老年人并不熟悉操作流程，无法完成社保认证。**五是**智能生活难。智能门锁、全自动马桶、扫地机器人、全自动洗衣机等智能家居使人们的生活越来越便捷，但是这些功能繁多、操作复杂的"高科技"家居产品，不仅没有帮助老年人享受智能生活，反而让他们无从下手，最后只能无奈沦为"摆设"。

当前信息技术无法便利老年人生活的主要原因，一是老年人数字社会化程度不高。中国互联网进程压缩，要求人们更快跟上时代步伐，而记忆力减弱、认知功能衰退、学习能力下降等严重影响老年人接受与掌握新事物、新技术的速度，致使老年人数字社会化程度较低。二是老年人对数字化产品熟悉度低。由于社会、文化或经济因素的限制，加之所处的地区缺乏基础设施，一些老年人可能没有机会接触到数字技术，缺乏使用数字设备和互联网的经验。三是智能家居研发适老化不足。智能家居公司多以年轻人为销售对象，其产品设计对于老年人而言并不适用，设备功能繁多、操作复杂、按键说明文字较小等，无法满足老年人的需求。**四是**传统服务方式被过多地取消。在很多日常生活场景中，传统服务方式被取消，无法满足在运用智能技术方面存在困难的老年人的基本需求，因此，必须推进传统服务方式与智能化服务创新并行。

（一）共享数字化转型成果，安享幸福晚年

截至2023年底，我国60岁及以上人口达到2.97亿人，占总人口的比重为21.1%，其中65岁及以上人口为2.17亿人，占总人口的比重为15.4%。中国正式迈入中度老龄化社会。科技变革带来的社会数字化遭遇社会结构的老龄化，其产生的影响和问题，都是我们今后不得不面对的。习近平总书记强调："落实好老年优待政策，维护好老年人合法权益，发挥好老年人积极作用，让老年人共享改革发展成果、安享幸福晚年。"[1] 老年人也必须要享受到数字社会的福利。

---

[1] 《贯彻落实积极应对人口老龄化国家战略　让老年人共享改革发展成果安享幸福晚年》，《人民日报》2021年10月14日。

党的十八大以来，习近平总书记在我国适老化事业方面作出一系列重要部署。关于我国社会老龄化的发展趋势，2022年8月17日，习近平总书记在辽宁省沈阳市皇姑屯区三台子街道牡丹社区考察时指出："我国已经进入老龄化社会。要大力发展老龄事业和老龄产业，有条件的地方要加强养老设施建设，积极开展养老服务。"[①]关于智能技术适老化开发，习近平总书记强调："要把满足人民对美好生活的向往作为科技创新的落脚点，把惠民、利民、富民、改善民生作为科技创新的重要方向。"[②]关于社会适老化智能支持体系，习近平总书记指出："加强基层组织建设，完善网格化管理、精细化服务、信息化支撑的基层治理平台，健全城乡社区治理体系，为人民群众提供家门口的优质服务和精细管理。"[③]关于区域间智慧养老设施不均衡问题，习近平总书记指出："要把提高发展平衡性放在重要位置，不断推动公共资源向基层延伸，构建优质均衡的公共服务体系，建成全覆盖可持续的社会保障体系。"[④]

如何应对人口老龄化，事关国家发展全局，事关亿万百姓福祉。以上重要论述，符合我国社会老龄化的状况，为让老年人融入科技社会，让科技成果惠及更多老年人，提供了根本遵循。

① 《在新时代东北振兴上展现更大担当和作为 奋力开创辽宁振兴发展新局面》，《人民日报》2022年8月19日。
② 习近平：《努力成为世界主要科学中心和创新高地》，《求是》2021年第6期。
③ 《牢牢把握高质量发展这个首要任务》，《人民日报》2023年3月6日。
④ 习近平：《在深圳经济特区建立40周年庆祝大会上的讲话》，新华社2020年10月14日。

（二）助力老年人跨越"数字鸿沟"

党的十八大以来，党中央、国务院高度重视老年人运用智能技术困难问题，出台多项政策，要求各地切实解决老年人在运用智能技术方面遇到的突出困难，更好地帮助他们跨越"数字鸿沟"。多措并举提供多元化产品和服务，加快推进老年人常用的互联网应用和移动终端适老化改造，实施智慧助老行动。

1.实施"数字伙伴计划"。作为全国最早进入人口老龄化且老龄化程度较高的城市之一，上海市提出要在城市数字化转型中着力解决"数字鸿沟"问题，倡导各类公共服务"数字无障碍"。上海市经信委、上海市教委、上海市民政局联合社会组织、企业、市民志愿者共同发起"数字伙伴计划"，该计划包括"随行伙伴""智能伙伴""互助伙伴"三部分。"随行伙伴"，要求软件开发者重点关注特殊群体需求，让应用软件更适用、更便利，充分发挥自身的作用；"智能伙

黄浦区智慧社区服务平台，"一键"守护24小时
（图源：上海市民政局网站）

伴"倡导设备厂商研发更多适老化产品，让智能设备更智慧，适合不同年龄段的使用者；"互助伙伴"凝聚各界力量投入为老志愿服务，让人人都能参与。

2.降低数字技术应用的门槛。互联网企业在数字化快速转型中应考虑广大受众群体，不能只面向中青年，而是要面向全体社会成员，在"人适应技术"和"技术适应人"之间，尽可能在研发源头就确立"技术适应人"的理念，弥合老年人的"数字鸿沟"，有效引导老年人群体融入数字生活。针对会使用手机的老年人群体，开展网站和App适老化改造。目前，首批66家政府单位、23家互联网企业列入适老化和信息无障碍改造名单。拥有较多老年用户的热门App也都推出了"长辈模式"，为老年人带来了极大的便利。

3.开展老年人智能技术教育。将加强老年人运用智能技术能力列为老年教育的重点内容，通过体验学习、尝试应用、经验交流、互助帮扶等，引导老年人了解新事物、体验新科技，积极融入智慧社会。2021年7月13日，教育部办公厅发布《关于广泛开展老年人运用智能技术教育培训的通知》，创新线上线下相融合的老年人运用智能技术教育培训模式，鼓励各终身学习（老年教育）平台开设"老年人运用智能技术"专栏，为老年人提供灵活便利的学习平台和优质丰富的学习课程，大力开展教育培训与应用推广。遵循贴近生活、图文并茂、简单易学等原则，征集、开发"互联网＋生活""智能手机应用""智慧生活"等体现适老化和场景化的全媒体课程资源。《通知》指出，到2022年，依托国家

老年人学习操作智能手机（图源：视觉中国）

开放大学组织推介"智慧助老"专题的优质工作案例100个、教育培训项目200个、课程资源500门。

数字化已成为当前中国社会变迁的显著特征。只要连接网络，人们靠一部智能手机，似乎就可以行天下。不过，数字化的生活世界并不是平静的，老年人"数字围城"问题亟须社会关注。加快数字服务适老化改造，切实解决老年人运用智能技术困难，是积极应对人口老龄化的重要举措。**一要**为数字化精准赋能老年生活提供顶层设计。将"数字强国"的国家发展战略和"积极应对人口老龄化"的国家战略有机统筹结合，从老年群体的主体特征、核心需求和应用场景三个维度出发，进行深入的科学研究和规划指导，分层分类解决老年人在数字生活中的痛点问题。**二要**努力构建人与技术"双向奔赴"的良性关系。推进数字化的适老化建设，更需要充分调动"人"的要素，形成助老共同体，

帮助老年人强化互联网操作与实践技能。这里的"人"不仅指老年人群体本身，也包括日常生活中具有血缘关系的亲人和真实的地缘社区周边的人。**三要**加强信息网络安全法律法规建设和涉老服务平台的规范监管。加大对网络诈骗老年人等违法行为的打击力度，对为老服务的专业机构提供指导并规范其发展，切实保障老年人的信息隐私安全和合法权益。**四要**积极发展数字化老龄产业。以老年人物质和精神需求为出发点，精准发展老年人服务产业。我们要切实帮助老年人跨越"数字鸿沟"，解决老年人的生活、健康及养老等问题。

二 保障人民『舌尖上的安全』

如果说人类文明是一座美轮美奂的大厦，那么食品安全就是至关重要的"奠基石"；如果说经济社会是一艘乘风破浪的巨轮，那么食品安全就是不可或缺的"压舱石"。党的十八大以来，为了建立健全更高质量的食品安全生态格局，确保"舌尖上的安全"，食品安全治理新政不断推出，食品安全形势总体稳定向好。在当前社会发展的新格局中，创建国家食品安全示范城市就像在食品安全治理的大局中精准放置了一枚关键的"棋子"，成为构建食品安全防线、加强监管力度的重要支撑。

福建省漳州市以创建国家食品安全示范城市为契机，围绕"重创新、抓质量、打品牌"的主线，坚持问题导向，高标准、严要求，主动作为，积极探索治理新路径。从"日常监管、集中管理、创新治理"等方面破解作坊集中、流动摊贩、无证小餐饮等治理难题，以"文旅特色＋乡村振兴＋夜市经济＋科技赋能＋品牌打造"等形式，推动"三小"（小作坊、小摊贩、小餐饮）改善提升，切实打通"三小"食品安全的"最后一公里"，守护老百姓舌尖上的满足感和幸福感。漳州市以"数字赋能＋智慧融合"为导向，推进大数据、人工智能、区块链等信息化技术在食品安全监管领域的应用，建设"一码追溯"＋四大系统，构建漳州市食品安全智慧监管平台，实现"全链条、可追溯、智慧化"的食品安全管控。坚持科技创新守护食品安全，加强顶层设计，注重项目引导，强化信息化监管，坚持用科技创新筑起食品安全与健康的长城，守护漳州人民舌尖上的安全。

洪范八政，食为政首。当前我国食品安全形势虽然总体稳定向好，但是也存在一些问题，主要表现在以下几方面：**一是**食品农药残留超标。2023年各级农业农村部门严格落实新修订施行的农产品质量安全法，扎实开展食用农产品"治违禁　控药残　促提升"三年行动，推动承诺达标合格证新制度落地。加大监管执法力度，公布了一批农产品质量安全案件，如安徽省怀宁县农业农村局查处某公司生产销售农药残留不符合农产品质量安全标准豇豆案，江苏省盐城市大丰区农业农村局查处某公司生产销售兽药残留不符合农产品质量安全标准鲫鱼、草鱼案，宁夏回族自治区彭阳县农业农村局查处某公司生产销售兽药残留不符合农产品质量安全标准乌鸡案，云南省保山市隆阳区农业农村局查处董某某生产销售农药残留不符合农产品质量安全标准香蕉案等。由此看出，食品农药残留问题依然严峻，治理刻不容缓。

二是超范围、超限量使用食品添加剂。例如，在面包中违规添加柠檬黄、对韭菜超量使用腐霉利、保健食品中添加西布曲明、果蔬中添加亚硫酸盐、减肥果冻中添加双酚沙丁等。**三是**食品重金属污染。监管部门抽检中，因"重金属镉超标"而不合格的蟹类占首位，2015年10月至2020年8月公布的关于螃蟹的质量抽检结果显示，国家及省级市场监督管理部门共抽检到不合格蟹类419批次，涉及梭子蟹、石头蟹、花蟹、面包蟹等多个品种。

四是食品制假售假。近年来，安徽省市场监管部门深入开展食用植物油食品安全监管，发现食用植物油生产中存在掺杂使假、以假充真、以次充好，在大豆油、棕榈油或调和油中违法添加乙基麦芽酚等香精冒充芝麻油、花生油等更高价格的食用植物油或调和油，以及同一生产线或灌装线生产不同油品，导致单一品种食用植物油中混入其他油脂，与调味油共线的食用植物油中检出乙基麦芽酚、辣椒素等问题。

总结当前我国食品安全问题出现的原因，**一是**监管体系不完善，基层监管力量和技术手段跟不上等。为此，应构建新时代食品安全监管体系，保障人民"舌尖上的安全"，实现食品安全治理现代化的重大任务。**二是**食品安全标准体系不健全。食品安全标准与最严谨标准要求之间尚有一定差距，风险监测评估预警等基础工作薄弱。比如，转基因等高科技产品的标准基本上属于空白，同时因缺少相应的判断依据，所以检查监督比较困难。**三是**企业主体责任不明确。企业是食品安全治理的主体，是保障食品安全的内因与根本。一些企业存在对食品安全风险辨识不清、管控不当，隐患排查不细致、不全面，治理不及时、不彻底等现象，值得引起高度警惕。

（一）守护百姓"舌尖上的安全"

习近平总书记指出："加强食品安全监管，关系全国13亿多人'舌尖上的安全'，关系广大人民群众身体健康和生命安全。要严字当头，严谨标准、严格监管、严厉处罚、严肃问责。"①

党的十八大以来，习近平总书记在食品安全方面作出一系列重要部署。关于食品安全的重要性，习近平总书记指出："各

---

① 习近平：《从解决好人民群众普遍关心的突出问题入手 推进全面小康社会建设》，《人民日报》2016年12月22日。

级党委和政府要作为一项重大政治任务来抓。要坚持源头严防、过程严管、风险严控，完善食品药品安全监管体制，加强统一性、权威性。"①关于食品安全的监管体系建设，习近平总书记强调："要贯彻食品安全法，完善食品安全体系，加强食品安全监管，严把从农田到餐桌的每一道防线。要牢固树立安全发展理念，健全公共安全体系，努力减少公共安全事件对人民生命健康的威胁。"②关于明确食品安全企业主体责任，2021年3月15日，习近平主持召开中央财经委员会第九次会议，会议指出："要加强平台各市场主体权益保护，督促平台企业承担商品质量、食品安全保障等责任，维护好用户数据权益及隐私权，明确平台企业劳动保护责任。"关于完善食品安全标准体系，习近平总书记指出："要完善食品安全标准体系，推动食品安全标准同国际标准对接。要保障各级食品安全监管所需经费，特别是检验检测经费。要完善食品造假行为定罪的司法解释，推动食品掺假使假行为入刑。所有食品安全违法行为都要追究到个人，并向社会公开处罚信息。"③

随着人民生活水平的提升，与传统粮食安全更注重粮食数量不同，人民对美好生活的需要，不仅是要"吃得饱"，更是要

---

① 习近平：《从解决好人民群众普遍关心的突出问题入手 推进全面小康社会建设》，《人民日报》2016年12月22日。
② 《习近平谈治国理政》第二卷，外文出版社2017年版，第372页。
③ 习近平2016年12月21日在中央财经领导小组第十四次会议上的讲话。

"吃得好""吃得健康"，食物供给既要装满"米袋子"，又要保障"肉案子""果盘子""菜篮子""奶瓶子""糖罐子"等，人民对食品安全的期待和需求，不会只停留在守住食品质量安全的"底线"，而是不断追求更营养、更健康、更美味、更快捷的"高线"。

（二）构建维护食品安全的"铜墙铁壁"

民以食为天，食以安为先。党的十八大以来，党中央高度重视食品安全工作，把食品安全放到民生问题和政治问题高度，不断提出食品安全工作新要求。新征程上，我们要结合新形势新要求，深入贯彻落实党的二十大作出的"强化食品药品安全监管"重要部署，厘清食品安全工作的基本定位、工作理念，进一步提升监管效能、落实主体责任、完善食品安全标准体系，形成全社会维护食品安全的"铜墙铁壁"。

1. "四个最严"＋"两个责任"，构建新时代食品安全监管体系。我国对食品药品农产品监管实行"四个最严"，即建立最严谨的标准、实施最严格的监管、实行最严厉的处罚、坚持最严肃的问责。陕西省西安市莲湖区市场监督管理局，稳步推进食品安全"两个责任"落实落地。从建立健全管理制度、配齐配强管理人员、完善风险防控措施等方面，按照业态分类标准，规范全区

16个大中型超市和50家便利店落实食品安全"两个责任"工作，着力打造一批"两个责任"示范单位。召开农贸市场食品安全"两个责任"

市场监督管理局执法人员巡检超市，严把食品安全关（图源：视觉中国）

现场会，探索建立入场商户主体责任、市场开办方主体责任、属地管理责任和部门监管责任"四位一体"的食品安全责任体系，为食品安全"两个责任"工作开展夯实基础。

2.强化食品产业主体责任，推动食品企业高质量发展。食品产业作为"为耕者谋利、为食者造福"的传统民生产业，事关人民群众健康生活。企业是食品安全治理的主体，是保障食品安全的内因与根本，最重要的是强化企业的主体责任。甘肃省庆阳市西峰区市场监督管理局以"三个强化"督促指导食品生产经营企业建立健全"日管控、周排查、月调度"工作机制，排查消除风险隐患，有力推动构建食品安全多元共治体系，全力保障人民群众"舌尖上的安全"。同时，强化培训，助力食品安全主体责任落实落细。对各市场监管所、各业务股室开展专题培训，各市场监管所采取"扫街入店"等有效措施分片区、分类型开展集中培训，采取"1+N"模式组织食品生产经营主体的食品安全总监和食品安全员参加"落实食品生产安全主体责任培训",共有3326户经营户、6958人（次）参加培训,进一步增强了食品生产企业主体责任意识,提升了监管人员履职能力水平。

3.健全食品安全标准体系,筑牢食品安全"高门槛"。食品安全标准体系,是指以系统科学和标准化原理为指导,按照风险分析的原则和方法,对食品生产、加工、流通和消费,即"从农田到餐桌"全过程各个环节影响食品安全和质量的关键要素及其控制所涉及的全部标准,按其内在联系形成的系统、科学、合理且可行的有机整体。我国通过实施食品安全标准体系,实现对食品安全的有效监控,提升食品安全整体水平。

近年来,广东省惠州市不断健全食品安全检测体系。加快惠州市农业综合检测中心项目建设,2021年9月,市农业综合检测中心大楼正式启用。惠州市农业综合检测中心拥有农业产地环境和农业投入品、产出品质量安全检测,动物疫病检验等功能,检测参数超过2000项,基本达到广东省一流农业综合检测实验室的硬件水平,为粤港澳大湾区绿色优质农产品的供应提供了技术保障。

4.大力培育食品安全文化,营造良好食品安全氛围。在食品安全工作中,注重以食品安全文化凝聚更深层次的社会价值认同和行业行为规范。第一,涵养诚实守信的企业文化。加快推进食品行业诚信体系建设，建立全国统一的食品生产经营企业信用档案。大力宣传诚信理念，在食品行业中营造知信、守信、用信的良好诚信氛围。第二，坚持以

江苏大学志愿者向镇江市红光太古山社区居民宣讲食品安全知识（图源：视觉中国）

科学理性的思维看待食品安全。食品安全具有特殊的公共安全属性，与人民群众的安全感和社会稳定大局有直接的联系，这需要我们客观、公正、科学、理性地去认识、看待和处理食品安全事故。对于散布虚假信息、故意造谣传谣的，要坚决依法惩处。第三，培育人人参与意识。食品安全事关人人，食品安全人人有责。充分发挥群众监督、舆论监督的重要作用，注重引导广大消费者积极参与食品安全治理，营造人人关心、人人参与、人人受益的食品安全良好氛围。

　　党的十八大以来，以习近平同志为核心的党中央坚持以人民为中心的发展思想，采取了一系列重大举措，重大食品安全风险得到控制，人民群众饮食安全得到保障，食品安全形势不断好转。同时，我们也要清醒地认识到，当前的食品安全形势与新时

代人民群众对美好生活的新期待还存在一定差距，食品安全工作领域仍有一些问题和困难需要破解。**一要**营造食品安全共建共治共享新格局。食品安全关系每个人的身体健康和生命安全，必须把握好有效市场、有为政府、有序社会的辩证关系，统筹推进产业发展、政府监管、社会共治，实现高质量发展、高效能监管和高水平治理的有机统一。二**要**创新食品安全治理模式。建立全过程监管体系，努力跑在风险前面，从种植养殖源头抓起，推行从养殖场、农田、茶园等原产地到出口离境的全过程监管。同时建立严格的产品可追溯体系，对不安全的农产品和食品原料及时切断供应源，确保种植养殖源头提供安全的农产品等食品原料。三**要**增强人民群众的食品安全意识。把食品安全治理作为保障人民健康、增强人民体质、提高人民生活水平和保证社会稳定的大事来做。利用一切媒体宣传食品安全科普知识，对全民进行食品安全知识宣传教育，增强全民的食品安全意识和自我保护能力，从根本上解决食品安全问题。**四要**加强食品安全关键技术研究。以食品安全监控技术研究为突破口，针对一些我国迫切需要控制的食源性危害（化学性、生物性）进行系统攻关，大力加强关键检测、监控技术与仪器设备研究开发，提高食品安全科学、技术研究发展水平，提高食品生产监督监管能力。

三 从『病有所医』到『病有良医』

2023年4月，来自湖北山区的张鹏夫妇因小儿患严重先天性脑瘫，不远千里辗转来到北京某三甲医院就医。因挂号需要排队，夫妻两人带着孩子住在医院走廊里等待了"漫长"的三天。好不容易见到接诊医生，经过问询和检查，医生告诉他们住院治疗费至少10万元，这对仅靠四五亩耕地和打工维持生计的夫妻俩来说，无异于一个天文数字。一边是倍受病魔折磨的幼儿，一边是难以承担的高昂医疗费用，夫妻两人无奈之下抱头痛哭。多年来，虽经过积极探索和改革，我国全民医疗卫生体系逐步完善和健全，但"看病难、看病贵"仍然是一个现实存在的问题，这对夫妇的遭遇就是一个典型的缩影。

当前，全国各地"看病难"主要体现在：一是挂号难。由于我国人口基数庞大，医疗资源相对有限，往往存在三甲医院、知名专家挂号难、挂不上号的问题，"一号难求"给广大患者朋友造成了一定的困扰。二是看诊难。就医过程中检查化验、排队缴费、等候检查、接受治疗等流程较为烦琐、等待时间长，患者来回跑、反复跑情况突出。三是住院难。如果患者病情严重需要住院，住院部相应病区得有床位才能办理，特别是大医院、多发疾病科室，患者等待一周才能住院也是常事。"看病贵"主要体现在：一是部分药品医保自费比例高。当前，医保报销设有起付线、异地就医报销比例低等现实问题，最终都体现在患者出院时自付金额和自付比例上面。二是"过度检查"无形中抬高了医疗费用。化验、放射、B超等检查费用一般在医疗费用中占比较大，甚至有些没有必要的检查也包含在"套餐"检查中。三是药品耗材费用增加。肿瘤科的特殊药品，骨科、神经内科、神经外科、心内科、重症医学科等科室的特殊耗材费用高昂，同时医疗新技术的应用客观上增加了看病费用。

总结"看病难、看病贵"的主要原因，一是我国优质医疗资源分布仍不尽均衡。目前多数优质医疗资源集中在市级以上医院，基层医疗条件不足以满足群众就医需要，导致就医集中流向上级医院，大医院医疗资源紧张且得不到合理利用。二是医疗卫生筹资机制仍需健全。医疗机构补偿机制和医疗费用开支问题成为焦点、难点，筹资标准与待遇水平不匹配等问题较为突出，过度依赖政府的资助并不利于医疗卫生筹资机制的合理化搭建。三是社会医疗保障体系仍存在不完善之处。医疗保险覆盖面有限、保障层次较低等问题尚未解决。如何通过深化医疗卫生体制改革，推出一系列切实有效的办法措施，真正解决好"看病难、看病贵"问题，已成为人民群众实现对美好生活向往的迫切期盼。

（一）把人民生命安全和身体健康放在第一位

人民健康是民族昌盛和国家强盛的重要标志。习近平总书记一直高度重视增进人民健康福祉，始终强调要"把人民群众生命安全和身体健康放在第一位"，体现了对人民生命健康安全的无上关切，彰显了大党大国领袖的博大人民情怀。

党的十八大以来，习近平总书记在深化医疗卫生体制改革、保护人民生命健康安全方面作出一系列重要部署。关于医疗卫生事业的性质，习近平总书记强调："要坚持基本医疗卫生事业的公益性，不断完善制度、扩展服务、提高质量，让广大人民群众享有公平可及、系统连续的预防、治疗、康复、健康促进等健康服务。"①关于医药卫生体制改革，习近平总书记指出："深化医药卫生体制改革，全面建立中国特色基本医疗卫生制度、医疗保障制度和优质高效的医疗卫生服务体系，健全现代医院管理制度。加强基层医疗卫生服务体系和全科医生队伍建设。全面取消以药养医，健全药品供应保障制度。"关于医疗卫生工作重心，习近平总书记指出，要深化公立医院改革，加强县级医院综合能力建设，加强标准化村卫生室和城市社区卫生机构建设，健全公共卫生和疾病预防控制体系，"要推动医疗卫生工作重心下移、医疗卫生资源下沉，推动城乡基本公共服务均等化，为群众提供安全有效方便价廉的公共卫生和基本医疗服务，真正解决好基层群众看病难、看病贵问题"②。关于卫生健康事业发展与布局，习近平总书记强调："要建立稳定的公共卫生事业投入机制，改善疾病预防控制基础条件，完善公共卫生服务项目。要优化完善疾病预防控制机构职能设置，健全以国家、省、市、县四级疾控中心和各类专科疾病防治机构为骨干，医疗机构为依托，基层医疗卫生机构为网底，军民融合、防治结合的疾控体系，建立上下联动的分工协作机制。要

---

① 《习近平谈治国理政》第二卷，外文出版社2017年版，第371页。
② 《习近平关于全面建成小康社会论述摘编》，中央文献出版社2016年版，第147页。

加强国家级疾病预防控制机构能力建设，强化其技术、能力、人才储备，发挥领头雁作用。要健全疾控机构和城乡社区联动工作机制，加强乡镇卫生院和社区卫生服务中心疾病预防职责，夯实联防联控的基层基础。"①

这些重要论述，符合我国作为世界上人口最多的发展中国家的国情和实际，揭示了我国医疗卫生事业发展的一般规律，为深化我国医疗卫生体制改革，解决人民群众看病问题提供了科学方法和根本遵循。

（二）让百姓看得上病、看得起病、看得好病

党的十八大以来，党和国家始终把保障人民健康放在优先发展的战略位置，完善人民健康促进政策，大力深化医药卫生体制改革，深化以公益性为导向的公立医院改革，规范民营医院发展，促进医保、医疗、医药协同发展和治理，推动优质医疗资源扩容和区域均衡布局，切实把工作重点放在农村和社区。同时，全国各地积极探索符合实际的医疗卫生体制改革新路子，着力解决"看病难、看病贵"问题，让人民群众看得上病、看得起病、看得好病。

---

① 《习近平关于统筹疫情防控和经济社会发展重要论述选编》，中央文献出版社2020年版，第172—173页。

1. "三医联动"综合治理。医保、医疗、医药"三医联动"治理环环相扣，是解决"看病难、看病贵"问题的重要切入点。近年来，福建省三明市积极探索"三医联动"机制。一是整治医药。以公立医疗机构为整体，联合宁波、珠海、乌海、玉溪等省外城市，按照"为用而采、去除灰色、价格真实"的总原则和操作规范，在保证质量的前提下，实行最低价采购，严格执行"一品两规"、"两票制"和"药品采购院长负责制"，从源头上解决药价虚高等问题。二是整合医保。在全国率先将城镇职工医保、居民医保、新农合三类医保经办机构整合成市医疗保障基金管理中心，承担药品限价采购与结算、基金管理、医疗行为监管、医疗服务价格调整等职能，使群众医保报销更为便捷。三是规范医疗。建立一套全新的院长考评体系，采取定性与定量、年度与日常考核相结合的方式，考核结果与院长年薪和医院工资总额核定挂钩，变一人的责任为全院员工的共同责任，以此提升医疗服务能力，抓好医疗服务质量，使群众获得更加便捷的就医体验、更高质量的医疗资源。

群众在福建省三明市沙县总医院医保服务站办理医保手续（图源：视觉中国）

2.推动优质医疗资源扩容。推动优质医疗资源扩容是构建高质量医疗卫生服务体系的重要内容,是缓解群众"看病难、看病贵"问题的重要举措。天津市加快建设第三中心医院东丽院区等项目,争取获批国家血液病医学中心、国家中医医学中心;推动基层医疗机构标准化建设,计划建成100家标准胸痛救治单元;加快打造京津冀特色细胞谷,推进现代中药创新中心、中国医学科学院细胞产业转化基地等平台建设。福建省持续推进公立医院高质量发展,加快建设国家、省级区域医疗中心;着力提升基层医疗机构服务能力,把更多医疗资源向基层下沉,继续实施"千名医师下基层"活动,接续实施基层医疗卫生人才"三个一批"项目,稳定乡村医生队伍。推动优质医疗资源扩容下沉,能够不断增强人民群众获得感、幸福感、安全感,让患者在家门口就能看上全国知名的专家号。

3.推广"互联网+医疗健康"模式。依托覆盖全国的远程医疗网络,发展"互联网+医疗健康"模式,提升医疗卫生服务均等化水平,使城乡居民都能够有机会获得更高质量的基本医疗卫生服务。山

国家健康医疗大数据中心(北方)实景

东省着力扩大疾控中心改革试点，优化基层公共卫生服务，建设"互联网＋医疗健康"示范市，推动线上复诊、医保支付、药品配送一体化发展。内蒙古自治区建设京蒙合作医院43家，打造紧密型医共体20个，旗县二级综合医院建设互联网医院77个，三级综合医院建设互联网医院33个，实现呼包鄂乌四市检查检验结果互认。"互联网＋医疗健康"颠覆了传统的就医模式，从门诊和医技检查预约到充值缴费，从入院出院手续到病例复印，从线上问诊到护理服务上门，一部手机就可完成看病全流程，有利于提高服务效率，缩短时间成本，节省看病费用，更能满足人民群众日益增长的医疗卫生健康需求。

4.加强临床重点专科建设。专科建设是现代医院医疗技术建设的主要内容，不仅在相当程度上代表医院技术水平和服务能力，同时能对其他临床科室发展建设发挥带动和协同作用。湖南省着手推进医联体建设扩面提质，强化区域医疗水平，打造一批国家级临床重点专科，以此提升公共卫生服务水平，创新医防协同、医防融合机制，补齐检验检测、应急处置等短板，不断满足重大疾病防治需要。江苏省改革完善疾病预防控制体系，实施高水平医院建设专项行动，规范紧密型医联体和县域医共体发展，提高基层首诊率；不断强化儿科、传染科、精神科等薄弱专科建设，加强重大慢性病健康管理，实施中医药传承创新行动。如此，省域内能够基本建成系统连续、特色鲜明、学科融合、优质高效的高水平临床专科群，可为广大人民群众提供高质量的医疗保障和医疗服务。

5.做好重点人群健康保障。老人、儿童、孕妇是社会生活中相对脆弱的群体，当前医疗卫生建设关注重点人群健康及其看病问题。广东省着力建设全国医疗卫生高地，谋划打造成规模、上水平的综合性医疗基地，深入实施新一轮基层医疗卫生服务能力提升计划，加强重大慢性病健康管理，完善妇幼健康、职业健康、老龄健康、心理健康和精神卫生服务体系。陕西省全面落实积极应对人口老龄化国家战略，完善社区居家养老服务网络，建好乡镇（街道）区域综合养老服务中心，细化完善生育配套支持政策，发展多种形式的婴幼儿照护服务，促进人口长期均衡发展。做好重点人群分级分类动态服务和"关口前移"工作，优先安排这类群体就诊，可在一定程度上解决百姓的后顾之忧。

"民惟邦本，本固邦宁"，人民利益无小事。当前，我国医疗卫生体制改革已经取得明显成效，但解决"看病难、看病贵"问题还有很长的一段路要走。**一要**大力建设区域医疗中心。围绕"大病不出省"这个目标，扎实推进国家区域医疗中心建设的试点工作和有序扩围，坚持地方政府主建、输出医院主营的原则，分批推进项目落地，着力覆盖医疗资源相对薄弱的省份。**二要**持续推进药品、医疗器械审评审批制度改革。着力制定发布相关制

度规定和技术指南，推动和促进中医药传承创新发展。以最严厉的制度维护药品安全形势稳定向好，深化医疗器械审评审批制度改革。三要继续降低百姓医药费用负担。推进药品集中带量采购，努力实现群众药品"买得到、用得上、能报销"的愿望。同时，完善医保药品目录动态调整机制，从国家层面将定点零售药店纳入谈判药品的供应保障体系，与定点医院实行相同的支付政策，让医院暂时没有配备的谈判药品先进药店，让人民群众既有药可用，又能用上放心药，让医改成为人们交口称赞的"暖心工程""惠民工程"，让看病吃药不再是老百姓的烦心事、揪心事。

完善生育政策支持体系，使老百姓放心生、安心养

　　小李是济南市某公司的一名"90后"白领，刚刚结束产假的她面临着生养孩子的不菲开支。"备孕时，必要的保健品一天不落，"小李向年轻同事讲道，"怀孕后每个月的检查更是必不可少，怀孕四十周，大大小小检查十几次，一次至少也要花几百块，尤其是排查胎儿畸形的项目更是高达上千元，这些都是必不可少的。"现在小李的孩子由住家月嫂照顾，家庭每个月的开销高达上万元。"生孩子不容易，养孩子更难"，这样的情况让不少家庭苦不堪言。

目前，许多家庭面临的生育成本高昂的问题，主要体现在以下三个方面。**第一**，产妇生育前后花销大。随着社会的快速发展，年轻人的生育观念发生了显著变化。许多产妇在备孕阶段就会选择参加各种胎教班，以提高自身的育儿知识和能力。在孩子出生前，许多家庭倾向于选择大型医院或私人妇幼医院待产，以确保得到安全的医疗保障和舒适的体验，当然相应费用也会上涨。**第二**，新生儿出生后的养育照料问题是一大挑战。为了确保新生儿的健康成长，部分家庭在产妇分娩后会选择将产妇送至月子中心进行休养。部分家庭即使不选月子中心，也会雇佣高价的"金牌"月嫂照顾产妇和新生儿，其花费依然不菲。待产妇休完产假后，职场父母为了不打乱职业发展的节奏，不得不将孩子的照料任务交给他人。如果没有老人帮衬，请育儿嫂照料孩子也是一笔不小的开支。**第三**，在孩子成长过程中的教育投入多。在一些地区，公立学校的优质教育资源供不应求，家长们不得不通过摇号、排队等方式争取入学机会。部分家庭为了更高效地规划孩子的教育路径，选择学费相对较高的私立学校。另外，对于双职工家庭而言，孩子的上下学时间与家长的上下班时间冲突，家庭在平衡工作与照顾孩子方面面临挑战。同时，孩子的课业辅导问题也给许多家庭带来了额外的压力。显而易见，如何在孩子出生、成长过程中妥善处理好种种问题，已成为现代家庭面临的重要课题。

改革开放以来，我国人口生育政策进行了多次较大调整，由

20世纪80年代严格执行计划生育，到现在全面放开"三孩"，政策的转变体现了党和国家对人口生育的高度重视，也在一定程度上反映了当下新生儿出生率降低的现实问题。针对很多网友"不想生，生了也养不起"的想法，其原因主要有以下几点：**第一**，部分人群口袋里没钱。面对全球经济增速放缓的现实，许多家庭选择增加储蓄以应对未来潜在的经济压力。在此背景下，人们在日常消费中表现出更为审慎的态度，倾向于节约开支，以确保能够应对突发需求。此种"手头拮据"的普遍感受，进一步影响了部分年轻人在婚姻、生育等方面的规划。**第二**，家庭工作难平衡。青壮年是工作单位的主劳力，也是家庭经济来源的主心骨。他们多数为独生子女，结婚生子后夫妻二人要同时对多位老人与孩子负责，时间精力难以调和，心理负担与经济负担进一步加重，导致如今年轻人产生"不想生，生了也养不起"的念头。**第三**，配套举措不完善。由于当前社会服务保障还不完善，婴幼儿托育服务市场需求大，符合家长需求的普惠托位仍有缺口，婴幼儿无人照料将动摇年轻人的生育信心。因此，需要关注年轻人内心真实想法和现实境遇，切实解决其后顾之忧，让广大年轻人可以放心生孩子、安心养孩子。

（一）健全生育支持政策

人口是一个国家发展的底气，以习近平同志为核心的党中央切实关注国民人口生育。伴随三孩生育政策的全面性普及，人口生育政策及其配套体系迫切需要加以完善。习近平总书记在党的二十大报告中指出："优化人口发展战略，建立生育支持政策体系，降低生育、养育、教育成本。"

关于人口生育政策的完善，中共中央政治局2021年5月31日召开会议，会议强调："各级党委和政府要加强统筹规划、政策协调和工作落实，依法组织实施三孩生育政策，促进生育政策和相关经济社会政策配套衔接，健全重大经济社会政策人口影响评估机制。"党的二十届三中全会提出"健全人口发展支持和服务体系，完善生育支持政策体系和激励机制"，推动建设生育友好型社会。2024年中央经济工作会议提出"实施医疗卫生强基工程，制定促进生育政策"，旨在营造一个更加友好的生育环境，从而促进人口的长期均衡发展。

关于配套支持政策的落实，中共中央政治局2021年5月31日召开会议，会议强调，"将婚嫁、生育、养育、教育一体考虑"，"提高优生优育服务水平，发展普惠托育服务体系，推进教育公平与优质教育资源供给，降低家庭教育开支"。《中共中央关于进一步全面深化改革 推进中国式现代化的决定》指出，加强普惠育幼服务体系建设，支持用人单位办托、社区嵌入式托育、家庭托育点等多种模式发展。随着相关配套政策的不断完善，年轻人将更愿意生育并承担起养育子女的责任。这一变化有望为社会带来更加积极的人口结构和更加和谐的家庭关系。

关于减轻国民生养负担，习近平总书记强调："建立健全生育支持政策体系，大力发展普惠托育服务体系，显著减轻家庭生育养育教育负担，推动建设生育友好型社会，促进人口长期均衡发展。"[①]《中共中央关于进一步全面深化改革　推进中国式现代化的决定》指出，有效降低生育、养育、教育成本，完善生育休假制度，建立生育补贴制度，提高基本生育和儿童医疗公共服务水平，加大个人所得税抵扣力度。形势日趋向好，党和国家根据实际状况切实减轻适龄生育人群的经济负担。

由支持"两孩"到放开"三孩"，由关注"生育"单方面到统筹"生育、养育、教育"多方面，人口生育政策愈发完善。党和国家从民生根源上对适龄生育人群助生、助养、助育，并结合个人家庭层面进行调整，妥善解决广大人民群众关注的"生得安、育得好"问题。

（二）完善和落实积极生育支持措施，减轻家庭生养负担

2022年8月，国家卫生健康委等17部门联合印发《关于进

---

① 《加快建设以实体经济为支撑的现代化产业体系　以人口高质量发展支撑中国式现代化》，《人民日报》2023年5月6日。

一步完善和落实积极生育支持措施的指导意见》，就发展普惠托育服务体系、完善生育休假和待遇保障机制、强化住房和税收支持措施等七个方面，提出20项具体举措，为国民生育保驾护航。各地对于家庭生育养育方面的支持，一是经济上给予符合政策的生育家庭多样补贴；二是为生育家庭设置更加人性化的假期，以保证父母有更加充沛的时间去照看新生儿；三是为生育家庭提供教育、住房、医疗等配套设施方面的帮助。

1.政府发钱促生育。各地政府根据自身的财政状况和人口发展趋势，对符合生育政策的适龄家庭给予一次性生育补贴，以保证适龄生育人群生育环节上的稳定。2022年9月，中共云南省委、云南省人民政府印发《关于优化生育政策促进人口长期均衡发展的实施方案》，指出2023年1月1日至2025年12月31日，对云南省新出生并户口登记在云南的二孩、三孩分别发放2000元、5000元的一次性生育补贴，并按年度发放800元育儿补助；对新出生并户口登记在云南的婴幼儿购买意外伤害险给予每人每年50元参保补贴。

政府为符合生育政策的适龄家庭发放补贴（图源：视觉中国）

2022年10月13日，湖南省长沙市卫生健康委、市财政局印发《关于发放三孩育儿补贴有关事项的通知》，对符合条件的家庭按其合法生育的第三孩（及以上）每孩次一次性补贴1万元。此外，一些省份将涵盖医疗、保健等服务的福利折算为现金进行发放。

2.提供假期助养育。鉴于新生儿父母面临的工作和家庭压力，许多地方已制定出更为人性化的假期制度，以确保新生儿能够得到更好的照料。这一制度旨在平衡新生儿父母的工作与家庭责任，使他们能够在孩子出生后给予必要的关注和照料。2021年12月7日，北京市人民政府门户网站发布公告指出，按规定生育子女的夫妻，在子女满三周岁前，每人每年享受五个工作日的育儿假，每年按照子女满周岁计算。夫妻双方经所在机关、企业事业单位、社会团体和其他组织同意，可以调整延长生育假、育儿假的假期分配。夫妻双方享受的育儿假合计不超过十个工作日。《安徽省人口与计划生育条例》于2022年1月1日起施行，规定对符合法定条件生育子女的夫妻，国家机关、社会团体、企业事业单位应当给予以下奖励：女方在享受国家规定产假基础上，延长产假六十天；男方享受三十天护理假；在子女六周岁以前，每年给予夫妻各十天育儿假。职工在上述规定的产假、护理假、育儿假期间，享受其在职在岗的工资、奖金、福利待遇。现行的政策在女性产假方面有所延长，同时男性的陪护假也更具弹性。

这种调整无疑使政策更加贴近民众需求，更具人性化。增加的假期时间为新生儿父母提供了更大的灵活度，使他们能够更加合理地安排自己的时间，有效应对家庭中的各类事务。此外，这也为家庭与工作、老人与子女之间可能出现的矛盾提供了更多的调解空间，有助于促进家庭和谐。

3.完善配套扶教育。各地政府正在采取积极措施，鼓励和引导社会力量参与到托育机构的兴办中来。同时，政府大力支持幼儿园、机关、企业事业单位以及社区提供托育服务，以满足社会对托育服务的需求。这些举措旨在推动托育服务的普及和规范化，为广大儿童提供更加优质、安全的托育环境。2022年9月，中共山东省委、山东省人民政府印发《优化生育政策促进人口长期均衡发展实施方案》，指出大力发展普惠托育服务体系。鼓励和支持有条件的幼儿园招收2岁至3岁幼儿，有条件的地方按照学前教育有关政策加大资金支持力度。对托育服务机构按照当地政府普惠指导价招收3岁以下婴幼儿的，各市、县（市、区）依据实际收托数，对二孩、三孩保育费给予分档补助，标准不低于每人每月300元。

幼儿园托育服务有效解决婴幼儿家庭后顾之忧（图源：视觉中国）

　　人口是国家持续发展的根本资源。我国政府深刻认识到人口数量的适度增长对于国家发展的重要性，制定了一系列针对性强、富有远见的支持生育政策措施。各级政府积极响应党中央号召，以高度的责任感和使命感确保政策落实到位。这些措施的实施旨在促进人口数量的合理增长，为国家的繁荣稳定注入源源不断的动力。在全面评估当前形势后，为推动适龄生育人群的生育意愿，必须采取一系列综合措施。

　　第一，生育家庭的经济负担必须得到切实减轻。各级政府应给予政策和经济上的大力支持，直接向符合政策的家庭提供经济补贴，并设立合理的生活和医疗补贴等。这一措施旨在分担家庭的生育成本及其他必要支出，确保新生儿和产妇享有基本的生活保障。

　　第二，家庭因素对生育意愿的影响不容忽视。除社会因素外，部分适龄青年的生育意愿较低也受家庭因素影响。因此，我们必须确保家庭收支平衡，避免经济压力转化为心理压力。同时，应在家庭内部倡导性别平等观念，促使男女双方共同承担家庭责任。

　　第三，产妇生产前后的基础权益保障至关重要。在减轻家庭负担的同时，必须确保妇女产后及育儿期间的保健服务，做好健康保障工作。同时，应关注育龄期女性的工作压力问题，并提供相应的保障措施，以解决职场歧视等问题。

第四，引导适龄生育人群调整生育观念同样重要。适龄青年应树立正确的生育观和家庭观，通过合理倾诉、积极自我暗示等方式调节身心，释放心理压力。这将有助于激发其生育意愿，改变生育观念，从而放心生育、安心养育。

五 更好满足群众对上好学的期待

2018年1月，一位三年级小学生为了参加期末考试，在零下9摄氏度的冬日清晨步行4公里多山路赶到学校。在教室里，他被拍下一张头顶冰花、脸蛋通红、衣着单薄的照片。这位被网友称为"冰花男孩"的学生，来自云南省昭通市镇雄县。镇雄县一带山高谷深、交通不发达，依赖种田的农民收入有限，大多数人在外打工。当地因为缺少学校，孩子们每天凌晨5点起床，要走十多里山路赶到离家很远的学校上学。他们与在城市中享受着便捷、优质教育资源的孩子们形成了鲜明的对比，其背后所反映出来的教育资源不均衡的问题牵动着不少人的心。

近年来，随着城市化进程的不断加快，一些优质的教育资源不断涌向大中城市、经济发达地区，教育资源配置不均衡的问题也日渐凸显。主要表现为：**一是**教育"空心化"发展趋势尚未缓解，"城镇挤"和"乡村弱"的教育质量矛盾仍然存在，城乡教育融合发展、共生互荣的良好格局未能完全形成。二是经济落后地区的教学设备条件较为陈旧，图书阅览室、计算机网络等教学设施不配套，许多学校还存在教学设备利用率低、闲置等现象。**三是**农村学校师资力量不足、师资队伍不稳定，优秀教师更多地流向了城镇学校。**四是**校际教育质量和水平差异较大，家长择校焦虑不断加深，一些地方上学难、择校热等现象频频发生。

总结教育资源配置不均衡的主要原因：**一是**地理位置的影响，农村地区受交通不便、经济发展水平不高等因素的制约，农村学子无法享受同城市孩子相同的优质教育资源。二是经济因素的影响，在一些经济发达的省份，政府会投入更多的资金用于发展教育事业，而在经济相对落后的省份，政府的投入相对较少，学校在教学设施、师资力量等方面实力不足。三是政策因素的影响，不同省份在教育政策和教育制度方面存在一定的差异，导致政府对教育的重视程度有所不同。**四是**教学观念的影响，在一些偏远落后地区，由于缺乏现代教育技术培训，教师教学观念落后，不能较为熟练地运用现代教育技术手段开展教学，使优质教育资源共享的程度降低。

（一）办好人民满意的教育

习近平总书记指出，"十四五"时期，我们要从党和国家事业发展全局的高度，全面贯彻党的教育方针，坚持优先发展教育事业，坚守为党育人、为国育才，努力办好人民满意的教育，在加快推进教育现代化的新征程中培养担当民族复兴大任的时代新人。

不断促进教育发展成果更多更公平惠及全体人民是办好人民满意教育的核心要义。在促进农村义务教育事业发展方面，习近平总书记指出："推动城乡义务教育一体化发展，高度重视农村义务教育，办好学前教育、特殊教育和网络教育，普及高中阶段教育，努力让每个孩子都能享有公平而有质量的教育。"在解决贫困地区教育问题方面，习近平主席指出："授人以鱼，不如授人以渔。扶贫必扶智，让贫困地区的孩子们接受良好教育，是扶贫开发的重要任务，也是阻断贫困代际传递的重要途径。我们正在采取一系列措施，让贫困地区每一个孩子都能接受良好教育，让他们同其他孩子站在同一条起跑线上，向着美好生活奋力奔跑。"[1]在加强基础教育方面，习近平总书记指出："基础教育在国民教育体系中处于基础性、先导性地位，必须把握好定位，全

---

[1] 《携手消除贫困 促进共同发展》，《人民日报》2015年10月17日。

面贯彻落实党的教育方针，从多方面采取措施，努力把我国基础教育越办越好。"① "要加强对基础教育的支持力度，办好学前教育，均衡发展九年义务教育，基本普及高中阶段教育。"② 在推进"互联网＋教育"全面发展方面，习近平主席指出："中国坚持不懈推进教育信息化，努力以信息化为手段扩大优质教育资源覆盖面。我们将通过教育信息化，逐步缩小区域、城乡数字差距，大力促进教育公平，让亿万孩子同在蓝天下共享优质教育、通过知识改变命运。"③ 在构建优质均衡的基本公共教育服务体系方面，习近平总书记强调，"统筹推进育人方式、办学模式、管理体制、保障机制改革，坚决破除一切制约教育高质量发展的思想观念束缚和体制机制弊端"，"把促进教

同在蓝天下，共享教育公平

育公平融入到深化教育领域综合改革的各方面各环节，缩小教育的城乡、区域、校际、群体差距，努力让每个孩子都能享有

---

① 习近平：《全面贯彻落实党的教育方针 努力把我国基础教育越办越好》，《人民日报》2016年9月10日。
② 《习近平谈治国理政》第二卷，外文出版社2017年版，第366页。
③ 《习近平致国际教育信息化大会的贺信》，《人民日报》2015年5月24日。

公平而有质量的教育，更好满足群众对'上好学'的需要"①。

这些重要论述站在治国理政的新高度，着眼于实现中华民族伟大复兴中国梦，从纵向来说包括了基础教育、高等教育等，横向上包括了思政教育等各级各类教育，为新时代办好人民满意教育，促进教育发展成果更多更公平惠及全体人民提供了根本遵循。

（二）努力让每个孩子享有受教育的机会

党的十八大以来，党和政府将工作重心和工作责任系于发展优质均衡的义务教育之上，加快构建优质均衡的基本公共教育服务体系，不断提升教育质量，促进教育公平。全国各地也在积极探索教育的优质均衡发展之路，努力实现城区教育、城乡教育、农村贫困地区教育优质均衡发展。

1.城区教育：促进教育优质均衡再升级。构建适应城区教育优质均衡发展的机制成为当前城区教育发展过程中的工作重点。近年来，安徽省铜陵市铜官区以统筹均衡的理念为着力点，从政策和机制上保障深入推进联合办学，区财政大力提供经费支持，设立义务教育阶段学校联合办学体奖补资金；区委编办协调落实

---

① 《加快建设教育强国　为中华民族伟大复兴提供有力支撑》，《人民日报》2023年5月30日。

联合办学体教师编制，着力解决城镇教师区域性、结构性短缺问题，区人社局在教师流动、职称评聘、人才培养上建立了激励机制，促进了教师无障碍交流和专业成长；区教体局成立了以局长任组长、副局长任副组长、各科室负责人任成员的联合办学工作领导小组，具体负责制定联合办学方案，定期专题研究、讨论、部署联合办学推进事项，明确责任，层层传导压力，使联合办学各项工作落实、落细。在此基础上，铜陵市铜官区成功创建了一批办学质量优良、办学行为规范、办学特色鲜明、文化内涵丰富、师生认同度高、社会声誉良好的义务教育"新优质学校"，形成了热点学校和校区间携手共进的良好发展新格局，让每一个孩子共享义务教育优质均衡发展成果。

2.城乡教育：手拉手共享好资源。乡村教育振兴是乡村振兴的基石，推动城乡一体化发展是实现义务教育优质均衡发展的必由之路。党的十八大以来，桐乡市作为浙江省整体推进智慧教育综合试点县之一，在全面落实"互联网+义务教育"城乡学校结对帮扶民生实事工程，助推城乡教育一体化发展方面取得了一定的成效。羔羊小

智慧课堂激发学生学习兴趣（图源：视觉中国）

学是当地一所农村小学，存在位置偏僻、生源流失、骨干外调等一系列问题，新入职教师缺少优秀教师的"传帮带"，急需借助外力来培养师资，促进学校的可持续发展。而春晖小学是当地的市区学校，已拥有一批各级各类骨干名师，师资力量雄厚，办学成效显著，是嘉兴市智慧校园示范学校、桐乡市首批智慧教育试点学校。基于两校校情，当地共同商议确定了借用春晖小学的师资优势，以"同步教学"为载体，双师结对协同，形成"教研—教学—教研"的研训一体化操作模式，助力羔羊小学的教师专业发展与教学质量的提升。通过信息技术与课堂的深度融合，春晖小学与羔羊小学的学生在自己教室里、在同一网络空间下互动学习，让农村的学校也享受到了城市的优质教学资源，实现了优质资源共享。

3.农村贫困地区教育：充分激发内生动力。内因才是事物发展的关键。农村贫困地区的教育要想实现发展，除了借助外部"输血"以外，还要充分调动本土资源，破除体制机制障碍。宁蒗彝族自治县位于滇西北高原，俗称"小凉山"，是云南省最后一批脱贫摘帽的9个贫困县之一。当地教育发展滞后，存在教学理念落后、师资力量薄弱、生源基础差等诸多问题。为解决贫困县教育发展滞后难题，宁蒗彝族自治县积极主动寻求合作学校，于1988年开始与江苏省海安县签订合作协议，由海安县组团式派出骨干教师和管理人才到宁蒗支教，合作开办中学。2016年，为解决优质生源流失问题，在原有模式的基础上，创办了海安班，由海安遴选优秀教师任教全部学科，着力打造海安模式升级版，取得了良好成效。在此期间，宁蒗彝族自治县建立了定期轮换制度，确保海安援宁师资力量长青常新，也使海安教师可"来去自由"；当地还为海安教师及其随迁配偶、子女安排住房，尽最大努力给予待遇保障；通过实施"青蓝工程"，指导本土教师，培养提升了大量优秀中青年教师和学科带头人。30多年来，海安先后派出10余批次200多名教师到宁蒗支教，无数山里的孩子因知识改变命运，为宁蒗彝族自治县脱贫攻坚作出了巨大的贡献，使当地教育科研滞后的局面得到改观。

新时代新征程，我们虽然解决了义务教育普及化的问题，但随着我国经济已由高速增长阶段转向高质量发展阶段，教育所面临的新问题变成如何在"均衡"发展的基础上实现"均衡优质"发展，这已经成为当前教育高质量发展的时代方向。

以下几个方面可以作为实现教育高质量发展的突破口：一要重塑义务教育发展资源配置观。随着信息化、数字化、智能化的加快发展，在未来推进教育均衡发展过程中，必须通过推进教育新基建实现教育资源配置生态转换，构建基于信息化、数字化、智能化的学校管理体系和教学服务体系，不断完善优质均衡时期教育发展的支撑性条件。二要建立差异化教育经费保障机制。要充分考虑农村地区尤其是偏远地区距离主城区较远，教师交流轮岗、外出培训等花费的时间成本和经济成本比城镇学校高的问题，根据距离远近、交通便利程度等指标对教师进行差异化补偿，最大限度地减少因地理区隔带来的城乡交流阻碍。**三要**优化区域内教师交流轮岗制度。除了满足轮岗教师的心理需求和能力提升的发展需要外，还应科学设计教师交流轮岗起止年限，充分考虑学科等教育规律性因素以及教师职业倦怠等职业特点。**四要**探索实施教育增值性评价制度。应通过数据驱动增值性评价，加快建立学生发展与教师发展信息数据库，为教育增值性评价提供真实、客观的数据支持。

六 放飞青春梦想，实现高校毕业生高质量就业

2024年，随着1179万名高校毕业生涌入市场，我们不得不面对一个严峻的现实：就业率的降低已成为社会关注的焦点。智联招聘发布的《2024年大学生就业力调研报告》显示：随着国内经济转型升级，以及新就业形态的快速发展，高校毕业生的选择更加多元，通过慢就业、自由职业实现自我价值的学生不断增多；普通本科院校的硕博毕业生offer（录用通知）获得率为33.2%，较去年下降了17%。毕业生的数量与市场需求之间的矛盾愈加凸显，由于经济形势的变化，以及

某些行业的调整，许多企业在招聘时趋于保守，很难消化如此多的毕业生。因而，2024届学生比前几届面临更大的就业压力：2023届的毕业生仍有未就业者，直接影响2024届毕业生的求职市场。此外，随着就业竞争加剧，求职成本也不断攀升，有毕业生为了找到合适的职位，投递了50份以上的简历，然而招聘需求却不成比例，致使求职者陷入投递与拒绝的恶性循环。

当前，高校毕业生就业难主要体现在以下几方面：**一是**就业率不高。包括双一流高校在内的多数大学都面临着毕业生就业率走低的现状。2024年，全国高校毕业生规模1179万人，同比增加21万，高校毕业生求职竞争更激烈。**二是**就业竞争越发激烈。扩招等现实情况导致大学毕业生人数逐年增加，在社会就业需求相对稳定的情况下，累积未就业人数逐渐庞大，高学历人才供过于求的现象日益严重，大学生面临着激烈的竞争和职业发展的困境。**三是**就业情况存在不均衡性。多数高校毕业生在就业地选择上，偏向于经济较发达的大城市和沿海地区，而西部偏远地区关注人数较少；在就业单位选择上，越来越多的毕业生选择政府部门、国有企事业单位、上市公司，较少有人选择民营、私企等小微企业。

总结高校毕业生就业难的原因，**一是**从教育体制看，在从精英式教育向大众化教育转变的过程中，多数高校仍然按照原有的培养"精英"的教学模式和教学方法来培养人才，致使教育结构失衡，在纯理论型人才培养过多、应用型人才培养不足的情况下，高校毕业生就业就显得十分困难。二是从就业体制看，随着大学毕业生人数的逐年增多，高等人才就业市场逐渐转变为买方市场，一些用人单位盲目追求高学历人才，高职高专毕业生可以胜任的工作要招本科生，本科生能胜任的工作要招研究生，造成了所聘人才的高学历与其职业角色、职位不相匹配，从而形成学历歧视和人才高消费现象，一定程度上影响了人力资本的正常投资行为，致使大学毕业生就业难。三是从供需双方对就业的认识上看，一些大学生在就业观念上还没能转变过来，认为读了大学就是"高端人才"，对就业待遇期望过高，如果就业地、岗位稳定性、工资福利等条件达不到自己的要求，宁可在家"啃老"也不愿工作；而一些企业在价格机制导向下，认为大学生是理论型人才，动手能力不强，要培养大学生上手，需要花费时间和金钱进行培训，不如农民工来得快，农民工实际操作能力强，能够给企业带来"现时利益"，以致一些企业给大学生的起薪工资还不如农民工。这些因素都一定程度上导致招工难与就业难"两难"并存。

（一）促进高质量充分就业

就业是民生之本，乐业才能安居。党的二十大报告中强调："强化就业优先政策，健全就业促进机制，促进高质量充分就业。"党的十八大以来，以习近平同志为核心的党中央十分关心高校毕业生的就业情况，围绕就业工作作出一系列战略部署，为实现更高质量和更充分就业指明了方向。

关于全面落实就业优先政策，习近平总书记在党的十九大报告中强调："要坚持就业优先战略和积极就业政策，实现更高质量和更充分就业……提供全方位公共就业服务，促进高校毕业生等青年群体、农民工多渠道就业创业。"关于就业重点群体保障工作，习近平总书记指出："做好高校毕业生、退役军人、农民工和城镇困难人员等重点群体就业工作。"①"把解决人民群众就业问题放在更加突出的位置，努力创造更多就业岗位。"②关于缓解就业压力与保障就业权益，习近平总书记强调："各级党委和政府要高度重视高校工作，始终关心和爱护学生成长，为他们放飞青春梦想、实现人生出彩搭建舞台。要全面深化改革，营造公平公正的社会环境，促进社会流动，不断激发广大青年的活力和创造力。"③关于调整就业观念，习近平总书记在吉林考察时对青年毕业生讲道："广大高校毕业生也要改变择业观、就业观，找到自己的定位，投入踏踏实实的工作中，实现自己的人生理

① 《解放思想深化改革凝心聚力担当实干 建设新时代中国特色社会主义壮美广西》，《人民日报》2021年4月28日。
② 《习近平的小康情怀》，人民出版社、新华出版社2022年版，第284页。
③ 习近平：《青年要自觉践行社会主义核心价值观——在北京大学师生座谈会上的讲话》，人民出版社2014年版，第14页。

想。"①关于青年创新创业，习近平总书记指出："新时代中国青年要树立对马克思主义的信仰、对中国特色社会主义的信念、对中华民族伟大复兴中国梦的信心，到人民群众中去，到新时代新天地中去，让理想信念在创业奋斗中升华，让青春在创新创造中闪光！"②习近平总书记关于就业的一系列重要论述，是践行以人民为中心的发展思想的具体体现，既有对促进就业工作全局性的提纲挈领，也有对具体任务的举旗定向，具有很强的战略性、思想性和指导性。

（二）为青年就业创业铺路搭桥

党的十八大以来，以习近平同志为核心的党中央对青年尤其是高校毕业生就业问题予以高度关注，要求"讲精准""讲实效"地营造出有利于高校毕业生就业创业的政策环境。同时，全国各地在不断增加的就业压力下，充分挖掘潜力、加强统筹，与相关部门协同发力，进一步完善高校就业创业服务体系，千方百计扩大岗位供给，帮助毕业生找到匹配度高的岗位。

1.打造智慧就业平台。智慧就业平台通过运用大数据分析、人工智能等先进技术手段，能够为求职者提供一个更加智能、高

---

① 《习近平的小康情怀》，人民出版社、新华出版社2022年版，第289页。
② 习近平：《在纪念五四运动100周年大会上的讲话》，人民出版社2019年版，第7页。

效的匹配平台。重庆市为降低高校信息化应用成本，增强工作质效，采取"国家统筹＋市级承建＋全面应用"三结合的创新方式，推动企业入驻24365大学生就业服

国家24365大学生就业服务平台

务平台，最大限度整合数据资源。同时，该平台能够构建用户统一身份认证库，毕业生、高校、用人单位、市级管理部门通过统一身份认证进行登录，用户资源高度整合，实现就业服务、手续一网通办。此外，该系统还会采集多项毕业生就业意向信息标签，多维度标记就业岗位特点，通过大数据分析，实时双向将人岗精准配对信息"点对点"推送给用人单位和求职毕业生，提高求职招聘成功率。

2.开展各类线下招聘会。线下招聘会作为传统招聘形式有其显著优势，求职者通过面对面交流，可以获取行业信息、掌握人脉资源、展示个人形象，也能借此提升自信、锻炼求职技能。一是组织大型招聘会。上海市2023年举办春季以来最大规模高校毕业生招聘会，现场设"国资委""专精特新"等专区，吸引1500余家用人单位参加，提供岗位信息超3.7万条，为高校毕业生提供诸多就业选择。二是开展专场招聘会。西北农林科技大学积极动员二级院系开展"小精专优"系列招聘活动，围绕不同学科专业

2023年6月15日，江苏扬州，招聘会吸引了众多高校毕业生前来咨询、应聘（图源：视觉中国）

毕业生就业需求举办招聘活动，为高校毕业生就业提供更多便利。三是召开联盟性招聘会。2023年，全国普通高校毕业生就业创业指导委员会积极发挥作用，建筑地产、金融、农林等分行业就业创业指导委员会密切与行业、企业合作，举办行业性、专业性招聘活动5场，提供岗位信息近10万条，为高校毕业生提供更多就业选择。

3. "访企拓岗"促就业。"访企拓岗"专项行动旨在践行高校毕业生就业工作"一把手"工程，发挥学院领导促就业带头作用，深入用人单位，了解社会所需，深化校企合作以推进就业。北京科技大学将"访企拓岗"促就业专项行动常态化，为校院各级领导班子制定行动年度考核目标，推动"访企拓岗"行动全面落地。近年来，学校所有领导每个人都认领了"访企拓岗"任务，全员动起来，带领毕业生走访重点企业，挖掘就业资源，让学校的人才培养更有靶向性，同时提升校企合作热度，截至2023年7月，累计走访用人单位208家，已为学校毕业生拓展就业岗位千余个。

4. 构建创业园孵化服务体系。大学生创业孵化服务体系是为学生创业提供各种初期孵化服务的有机体，属于一种相对稳定并不断完善的生态机制。作为西安"双创"的领军者，高新区创业园积极贯彻落实科技部相关工作部署，先后打造出了以"嘉会坊""瞪羚谷"为代表的双创载体，并通过积极对接高校、科研院所，将实验室里的研究成果进行转化。同时，为帮企业招聘到优秀人才，高新区创业园不断深挖在孵企业、孵化机构、创业企业招聘需求，多次走进西安交通大学、西北工业大学、陕西科技大学、西安工程大学、西北大学助企揽才觅人，并积极开办线上线下联动的"人才夜市""人才集市"等系列活动，为参会企业及人才架起沟通桥梁，让企业招聘到合适的人才，也让相当一部分年轻人通过创业实现就业。

高校毕业生等青年群体就业关系民生福祉、经济发展和国家未来。把青年特别是高校毕业生就业工作摆在更加突出的位置，是企业、高校乃至全社会的共同责任。未来，继续做好高校毕业生就业工作，要以贴合学生实际为基本要求，加强灵活就业和新就业形态劳动者权益保障，多措并举赢实效。**一要**强化"不断线"就业服务，建立高校毕业生就业岗位归集机制，用好国家大学生就业服务平台等，持续为有就业意愿的毕业生提供岗位信息。**二要**抓住重点群体，为脱贫家庭、低保家庭、零就业家庭高校毕业生，以及残疾高校毕业生和长期失业高校毕业生，提供"一人一档""一人一策"精准服务。**三要**织密织牢就业保障网，对通过市场渠道确实难以就业的特殊困难高校毕业生进行公益性岗位兜底安置，同时把有就业意愿的离校未就业高校毕业生纳入服务范围。**四要**创新开展就业指导服务，聚焦大学生求职过程中经常面临的问题和困惑，持续提供"有温度"的就业解答和帮扶，加强就业政策宣传，切实为毕业生提供精准就业指导。在全社会共同努力下，我们定能为高校毕业生等青年群体在适合自己的岗位上施展才能搭起桥梁，定将为促进高质量充分就业注入不竭力量。

七 要让所有老年人都能有一个幸福美满的晚年

2021年，家住太原市小店区的85岁独居老人张翠兰（化名）享受居家养老服务已有三年。居家养老服务的工作人员非常热情，家务活干得都很好，服务态度也很好。但是老人却一直有遗憾。除了日常照料外，一旦老人有一些身体不舒服，这些服务人员就很难处理。张翠兰的遗憾也是居家养老的现实困境。

老龄化是我国全面建设社会主义现代化国家新征程中的一个基本国情，也是推进中国式现代化必须面对的重大课题。国家统计局发布的数据显示，截至2023年底，60岁及以上人口2.97亿人，占全国人口的21.1%，其中65岁及以上人口为2.17亿人，占全国人口的15.4%。到2025年，预计我国60岁及以上老年人口将突破3亿人，占总人口比重将超过20%。2050年前后，我国老年人口规模和比重、老年抚养比和社会抚养比将相继达到峰值。加之，家庭代际结构小型化导致老年人空巢化愈发严重，家庭养老功能逐渐弱化，社会养老服务成为未来养老以及家庭、社会发展的必然选择。目前，基层大部分居家养老服务的专业性程度不高，仍偏向基础的家政服务。护理人员学历偏低、专业化水平不足，与日趋迫切的医养结合、健康养老需求相比，矛盾凸显。

当前，社会养老服务不够健全主要体现在以下几方面：一是农村养老资源较短缺。目前我国养老公共服务供给，在规划安排、资源配置、制度建设等方面具有重城市而轻农村的特征。相较于城市机构养老、社区养老、以房养老等多样化的养老路径选择，多数农村老年人主要依靠家庭养老、邻里照料及土地养老，养老资源相对匮乏。农村养老在人员、场地、设施、经费等各方面均供给不足，有限的养老资源配置也呈碎片化、分散化，大大削弱了养老服务的可及性。二是养老机构护理型床位不足。护理型、能够接收失能半失能老人的养老床位明显不足。以北京为例，2021年北京市卫健委、市民政局等12个部门联合发布《北京市深入推进医养结合发展的实施方案》（以下简称《方案》）。《方案》指出，到2022年，北京市养老机构护理型床位占比不低于50%。这从侧面说明两个问题：护理型床位不能满足现实生活中老年人养老的需求，国家需出台相关政策进行引导；未来新增床位的重点在于新增护理型床位。**三是**空巢老人无处可去。空巢老人的生活起居一般只能依靠自己，并且只有身心健康的空巢老人才可能自理生活起居。一些身体状况欠佳的空巢老人，大多失去生活自理能力，难以照顾自己。有些完全丧失生活自理能力的独居老人，更是难以照顾自己的生活起居。**四是**专业养老服务人员不足。养老人才培养体系不健全、职业发展空间有限、社会地位低等原因，导致我国养老专业化人才严重匮乏，养老服务业面临招人难、留人难、发展难的困境。

总结当前养老服务滞后的主要原因，**一是**老龄化严重，供需不平衡。我国正面临人口老龄化的严峻形势，2023年65岁及以上老年人口占总人口比重升至15.4%，预计到2025年60岁及以上老年人口突破3亿人，占总人口比重超20%。中国倡导推进多元主体与多元服务结合的社会养老服务政策，但社会养老服务的发展却始终面临供需不对应的现实困境。**二是**社会力量参与养老服务受限。虽然近几年政府持续鼓励和扶持社会力量进入养老服务领域，但是民办的养老机构运营依然面临用地、融资、运营、用人等困难，难以真正为社会养老服务提供有效的供给。**三是**医养结合存在结构性失衡。我国医养结合存在结构性失衡，医疗卫生与养老服务并未实现完全衔接、医养结合服务质量不高。需求方面，现存的医养分离模式无法满足部分不能自理与年龄较大老年人及时就诊的需求。而供给方面，老年人迫切需要的医疗诊治、保健护理和日常生活照料结合不紧密，居家和社区养老服务不健全、养老机构内设医疗设施功能不完善。**四是**社区居家养老服务发展受限。由于社区自筹经费能力不强，基本依靠财政拨款，所以社区面临资金投入不足问题，进而导致一些社区服务站点缺乏后续资金和人员，为居家老年人提供的养老服务内容单一，不能满足老年人多样化的养老需求。

（一）推动实现全体老年人享有基本养老服务

党的十八大以来，以习近平同志为核心的党中央高度重视老龄工作，精心谋划、统筹推进老龄事业发展。党的二十大报告中强调："实施积极应对人口老龄化国家战略，发展养老事业和养老产业，优化孤寡老人服务，推动实现全体老年人享有基本养老服务。"

关于人口老龄化发展趋势，习近平总书记强调："人口老龄化是世界性问题，对人类社会产生的影响是深刻持久的。我国是世界上人口老龄化程度比较高的国家之一，老年人口数量最多，老龄化速度最快，应对人口老龄化任务最重。"①关于养老的保障措施，习近平总书记在中共中央政治局第三十二次集体学习时强调："有效应对人口老龄化，不仅能提高老年人生活和生命质量、维护老年人尊严和权利，而且能促进经济发展、增进社会和谐……要完善养老和医疗保险制度，落实支持养老服务业发展、促进医疗卫生和养老服务融合发展的政策措施。"②关于养老服务体系的构建，习近平总书记指出："满足老年人多方面需求，让老年人能有一个幸福美满的晚年，是各级党委和政府的重要责任。要推动养老事业和养老产业协同发展，发展普惠型养老服务，完善社区居家养老服务网络，构建居家社区机构相协调、医养康养相结合的养老服务体系。"③关于养老服务高质量发展，习近平总书记指出："满足数量庞大的老年群众多方面需求、妥善解决人口老龄化带来的社会问题，事关国家发展全局，事关百姓福祉，需要我们下大气力来应对。"④

　　这些重要论述，符合我国人口老龄化国情和现实情况，揭示了我国社会养老服务发展的一般规律，为解决人民群众养老问题提供了科学方法和根本遵循。

---

① 《习近平强调推动老龄事业全面协调可持续发展》，《人民日报》2016年5月29日。
② 《习近平强调推动老龄事业全面协调可持续发展》，《人民日报》2016年5月29日。
③ 《贯彻新发展理念弘扬塞罕坝精神　努力完成全年经济社会发展主要目标任务》，《人民日报》2021年8月26日。
④ 《习近平强调推动老龄事业全面协调可持续发展》，《人民日报》2016年5月29日。

（二）构建多层次养老服务格局，疏通养老服务"最后一公里"

党的十八大以来，以习近平同志为核心的党中央从国家发展全局和亿万百姓福祉出发，加强顶层设计和制度体系建设，密集出台一揽子政策措施，全国各地积极跟进，推动社会养老服务高质量发展驶入"快车道"。

1."第六险"为养老多一层保障。广东省广州市从2017年8月试点实施长期护理保险制度，是我国首批、广东省内唯一的全国长期护理保险制度试点城市。自2017年实施以来，广州市先后经历了三轮试点政策，享受人群从职工医保参保人逐步放宽到职工医保及18周岁以上的居民医保参保人；享受待遇条件也从重度失能、中度失能+失智，扩展到长护1级至长护3级，按照失能等级不同，分别给予不同的待遇享受标准和服务项目内容。其主要成效：一是初步建立符合广州实际的长期护理保险政策架构，二是减轻了失能人员家庭经济压力并释放生产力，三是减少了医保支出并改善提升了老年人生存质量，四是促进了照护产业发展并创造了大量就业岗位。

2.居家、社区、机构三方共同发力。2023年，在第一届北京养老服务行业发展四季青论坛中，北京市按照"培育一类主体，构建两种模式，实现全面覆盖"的总体思路，开展创新居家养老服务模式试点，实现机构养老向居家社区机构养老协调发展的战略转型，为全国居家养老服务的难点破解和工作创新提供了"北京方案"。第一，发挥社区养老的依托保障功能。社区养老以老年人需求为导向加强社区建设，以社区养老为依托保障，给予老年人日间照料、生活护理以及精神慰藉，以上门服务、社区日托、建立老年活动中心为主要形式，让老年人从家门口走到小区门口就能够享受养老服务。第二，规范机构养老产业良性运行。在居家养老、社区养老和机构养老三种养老模式中，机构养老居于"补充"地位，其服务对象是能够入住机构的极少数老年人。为了满足各老年阶层个性化的需求，北京市规范机构养老产业运行，弥补居家养老服务和社区养老服务的不足。

3.补足农村养老短板，促进养老服务高质量发展。相较城镇而言，我国养老问题的重点痛点难点和短板在农村，农村老年人的养老需求具有自身的独特性。农村养老问题是亟待解决的民生不平衡不充分发展的问题之一。除了政府、社会各界积极关注外，农村养老问题也需要大力倡导"养老家庭化、社区化、专业化"的服务模式。上海市松江区叶榭镇堰泾"幸福老人村"属于村干部领导型互助养老模式，即村干部通过动员各种社会资源参与社会养老服务，并主导互助养老服务的运作过程。资金来源于各级政府财政补贴、村集体收入、社会慈善募捐等。2014年，

"幸福老人村"（图源：上海市松江区人民政府网站）

当时35岁的村民蒋秋艳回到农村，建起了互助养老社区。2015年，她租下周围9户人家的10处农宅，改造成收住老年人的场所。"幸福老人村"试运行以来受到社会公益组织、爱心单位及个人等各方的广泛关注与支持。"幸福老人村"在完整保留农村老宅原样结构的基础上，通过探索内部设施改造和功能植入，在市郊乡村建设了一个"接地气"的养老社区，在运营模式、选址和出资等方面都进行了新的尝试。堰泾村这些房屋设施，以农民宅基地使用权房屋为主，租房者将农民闲置下来的宅基地住房租用下来，按照租金折算，也为出租者提供了一个增收途径。

4.打通医养结合难点，精准对接不同需求。近年来，广东省老年人口日益增加，针对庞大的养老需求，广东省积极探索高质量满足不同老年群体的多样化养老需求的发展路径。佛山市顺德区均安镇积极探索出"四个不离"的特色养老，打造基层医疗卫生机构"家门口"医养结合新模式，实现"养老不离社区、养老不离家门、养老不离医院、养老不离亲情"；江门市整合乡镇卫生院和养老机构，合二为一，将独居的困难老人纳入托管，组建家庭医生团队上门提供随访服务，开创了农村医养结合"两院一体"新模式；韶关市核工业四一九医院面向失能、失智及长年"带病生存"的老年人构建"医养一张

均安镇南沙社区医养结合服务中心（图源：佛山市卫生健康局网站）

床，全院一张床"医康护养整合照护模式。医养签约合作，医疗卫生服务延伸到"家门口"等多元模式加快发展，社会养老服务供给能力不断增强、服务质量不断提高。

党的十八大以来，我国养老服务制度框架不断完善，养老服务设施基本实现城乡全覆盖，社会化养老服务体系实现了"从无到有"。但随着中国老龄化程度日益加深，全面构建社会养老服务体系，满足养老服务需求，仍然是我们未来很长一段时间努力的方向。一**要**强化政府兜底线、保基本的主导作用。养老服务作为准公共服务产品，政府要落实兜底责任，尤其是健全基本养老服务方面，政府要全面发挥主导作用。二**要**精准满足养老市场需求，充分发挥市场优化资源配置的优势。优化养老服务市场发展环境，最大限度激发市场活力，增加多元服务主体的有效供给，

优化供给结构和资源布局。**三要**提高养老服务科技水平，激发养老产业创新活力。新兴技术的发展为智慧养老提供了条件，也是突破传统养老产业中服务模式和服务质量瓶颈的重要支撑。**四要**建立科学高效的监管机制。建立健全养老服务综合监管机制，发挥政府监管、社会监督、行业自律等协同作用，营造公平竞争、健康有序的市场环境。要让全体老年人实现老有所养、老有善养、老有所医，将养老的"痛点""难点"化为"幸福的起点"。坚持社会参与、全民行动，建设老年友好型社会。

八

高质量实现『住有宜居』

多渠道解决『住有所居』，

2023年，是"95后"青年王某留在山东济南工作的第三年。毕业三年来，由于父母务农且家庭经济较为困难，王某暂无买房打算，考虑先以租房为主，待适应工作，在城市中稳住阵脚后再买房。然而，由于工作地点变动等原因，王某已三次换住处，每次都要经历烦琐的流程，例如联系中介、选房看房、搬家打扫等。刚参加工作时，为尽可能节约生活成本，王某经网络租房平台的中介介绍，与其他合租室友住在一个回迁房小区，几十平方米的狭小空间和简单的装修勉强可以满足基本的起居需求。

伴随新型城镇化向纵深推进，越来越多新市民、青年人来到城镇就业、生活，这个群体当前约有3亿人，新市民与包括应届、往届毕业生在内的青年人一道，为城市现代化建设注入新的活力、新的动能。新时代以来，我国累计完成住房投资14.8万亿元，建设各类保障性住房和棚户区改造安置住房5900多万套，1.4亿多名群众喜圆安居梦。然而，新市民、青年人的住房问题几乎已成为大城市发展的"通病"。整体来看，目前新市民、青年人等群体的住房问题主要表现在以下几方面：**一是**租不好。部分出租房忽视入住质量而盲目切割室内空间，存在装修、消防、防盗等硬性条件不过关、小区配套设施及服务跟不上等突出问题。**二是**买不起。在大城市工作的新市民、青年人的刚需购房需求由于经济困难等因素制约而难以满足。**三是**维权难。租房市场中存在黑中介、假房源、二房东、合同不规范等现象，租户权益难获保障。部分已购房群体遇到楼体质量不过关、开发商延期交房甚至暴雷、项目烂尾等问题，导致虽买房却未能妥善安家入住。

总结新市民、青年人在城市中住房困难问题产生的原因，**一是**住房供需不平衡。以人为核心的新型城镇化战略的实施促进了农业转移人口的市民化，进城务工、创业的农村劳动人民迫切需要更为舒适的居住条件，以应届、往届毕业生为主要代表的青年人群体面临毕业住房和就业选择的双重考验，而合适的住房资源供应量尚未满足新市民和青年人的自住需求。二是新市民、青年人的个人支付能力难以应对高额房价。青年群体涌入的一线、二线等大城市中存在炒房现象，一套房掏空三代人的口袋成为常态，加之近年来受疫情因素影响，城镇人口失业率有所升高，遭遇企业裁员的部分买房群体面临断供风险，楼市逐步陷入"卖不动、买不起"的恶性循环。三是住房配套资源不完善。"租购不同权"意味着部分住房仅能满足住户基本的居住需求而缺乏子女教育、交通、商业等配套资源，难以实现由"住有所居"到"住有宜居"的跃升。四是租房或买房市场存在法律制度及保障体系不完善的情况。新市民、青年人在租房、买房过程中易踩雷而投诉无门。解决好城市住房问题中频频出现的痛点难点，不仅是新市民、青年人对实现住有所居的迫切期盼，也是实现全体人民共同富裕的必然要求。

（一）房子是用来住的，不是用来炒的

住房是民生之依，住房问题牵动着人民群众的切身利益和其对美好生活的追求与向往。习近平总书记在党的二十大报告中强调："坚持房子是用来住的、不是用来炒的定位，加快建立多主体供给、多渠道保障、租购并举的住房制度。"明确指出了坚持

"房住不炒"、实现"住有所居"的发展目标，彰显了大党大国领袖对住房领域发展不平衡不充分问题的深刻洞察以及对人民群众基本住房需求的深度关切。

党的十八大以来，以习近平同志为核心的党中央高度重视人民群众的住房问题，在住房市场调控、发展住房保障事业等方面作出了一系列重要部署。关于加快推进住房保障和供应体系建设，习近平总书记强调："加快推进住房保障和供应体系建设，是满足群众基本住房需求、实现全体人民住有所居目标的重要任务，是促进社会公平正义、保证人民群众共享改革发展成果的必然要求。"[①] "要处理好政府提供公共服务和市场化的关系、住房发展的经济功能和社会功能的关系、需要和可能的关系、住房保障和防止福利陷阱的关系。只有坚持市场化改革方向，才能充分激发市场活力，满足多层次住房需求。"[②]关于房地产市场调控，习近平总书记指出："要从实际出发，综合运用金融、土地、财税、投资、立法等手段，加快研究建立符合国情、适应市场规律的基础性制度和长效机制，抑制房地产泡沫，防止出现大起大落。"[③]关于发展住房租赁市场，习近平总书记指出："加快发展和规范住房租赁市场，坚决抑制房地产泡沫。这项工作关系在城

① 《习近平谈治国理政》，外文出版社2014年版，第192页。
② 《习近平谈治国理政》，外文出版社2014年版，第193页。
③ 《习近平谈治国理政》第二卷，外文出版社2017年版，第368页。

市租房子住的一亿六千万人口特别是农民工和高校毕业生能不能有体面的居住条件，关系目前还没有住房的人今后能不能买得起或租得起房子，是实现住有所居的重大民生工程。"[1]"要重点发展公共租赁住房，加快建设廉租住房，加快实施各类棚户区改造。在推进这项工作的过程中，要注意尽力而为和量力而行相结合，努力满足基本住房需求。"[2]

这些重要论述揭示了新时代我国住房政策的价值取向与实践导向，是贯彻新发展理念、促进共同富裕的重要指引，也为新时代新征程中进一步解决好新市民、青年人的住房问题提供了理论依循与政策参考。

（二）多渠道解决"住有所居"，高质量实现"住有宜居"

党的十八大以来，以习近平同志为核心的党中央在住房问题的解决上强调政府的"补位"作用，加快推进住房保障和供应体系建设，完善住房保障基础性制度和支持政策，扩大保障性租赁住房供给，不断健全住房市场体系，推进长租房市场建设，将解决好新市民、青年人的住房问题作为一项供给侧改革重点任务予

---

[1] 《习近平关于社会主义社会建设论述摘编》，中央文献出版社2017年版，第94页。
[2] 《习近平关于社会主义社会建设论述摘编》，中央文献出版社2017年版，第81页。

以重视。在全国各地住房保障工作的不懈探索和切实推动下，不同类型、不同收入能力人群的基本住房需求得以靶向满足，无数新市民、青年人的"安居梦"得以实现。

1.加快发展和规范保障性住房租赁市场。保障性租赁住房与公租房、共有产权住房共同构成我国的住房保障体系。保障性租赁住房往往以小户型为主，租金低于同地段同品质市场租赁住房，主要解决符合条件的新市民、青年人等群体阶段性住房困难问题，因而是住房保障体系的重中之重。"十四五"期间，北京市重点发展保障性租赁住房，计划通过集体经营性建设用地、非居住存量房屋改建、产业园区配套用地、企事业单位自有土地、新供应国有土地、存量房屋转化等多种渠道，建设筹集房源40万套。目前，部分保租房已陆续面向市场推出，为青年人解决租房难题提供了选择。2022年秋，北京市首批高校毕业生保障性租赁住房青年公寓顺利入住，其以合理的租金、完备的设施为应届毕业生及毕业三年内的青年学生群体提供了居住保障，一定程度上缓解了毕业生群体在就业选择阶段的租房压力。与此同时，其

青年公寓内景

他省市类似的保租房举措也正有序推进。近几年，全国已开工建设保障性租赁住房256万套（间），能够解决700万新市民、青年人的住房困难；"十四五"期间计划建设筹集870万套（间），能够帮助2600多万新市民、青年人改善居住条件。

2.加快住房租赁市场立法。法律法规是经济制度和社会制度良好运行的重要条件。近年来，随着互联网平台的助力，我国住房租赁市场发展迅猛，城市住房供应结构正逐步由"重售轻租"向"租售并举"转变。然而，住房租赁市场中租赁关系不稳定、市场秩序不规范等现象时有发生，严重影响了租赁利益相关方的合法权益。为促进住房租赁市场的健康有序发展，租赁市场立法迫在眉睫。2022年9月，北京市出台《北京市住房租赁条例》（以下简称《条例》），将"住有所居、房住不炒、租购并举、职住平衡"等写入地方立法，在聚焦培育发展住房租赁市场的同时，严格规范市场秩序，针对居民投诉举报较多的克扣租金押金、个人二房东、群租房等市场乱象，均提出了具体规范要求。例如，针对群租房安全、扰民等突出问题，《条例》规定出租住房应以原规划设计的房间为最小出租单位，不得打隔断改变房屋内部结构，起居室不得单独出租，厨房、卫生间、阳台、储藏室等非居住空间不得出租用于居住，人均使用面积和每个房间居住人数须符合规定。一系列关于出租、承租等全方位各方面的细化条例内容受到好评，也为全国性的立法提供了借鉴。

3.实现由"住有所居"到"住有宜居"的跃升。在租房成为实现住有所居重要途径的前提下，更舒适的租房条件是新市民、青年人对美好生活在"住"的向度上的具体期待。为满足新市民、青年人等群体的工作与生活需求，广东省深圳市近年来不断探索居民可负担、企业可持续的保障性住房发展模式，逐步提高保障性住房的交付标准，打造高效集约、极简优质的宜居环境，切实关注租赁群体的归属感、体验感。例如，通过合理确定保障性住房租售价格标准，以期有效减轻新市民、青年人的房租负担；通过开展保障性租赁住房小户型设计竞赛，不断提升小户型住房美感和工艺度；通过丰富医疗卫生、文化娱乐等公共配套设施，推动基本公共服务均等化，有效助力青年人高品质、便捷化生活。

4.为新市民、青年人购房提供便利。除了租赁型住房，首套刚需型购房也是新市民、青年人迫切需要的住房资源。近年来，为助力青年群体刚需购房从而实现安居，各地持续优化房地产调控政策，满足青年人首套购房需求。

2023年2月，山东省德州市住房和城乡建设局等部门联合印发《支持青年首套住房需求的措施及实施细则》，明确符合年龄条件的青年人在特定时期内购买首套住房将享受政府补贴3万元、房企优惠1万元的政策。类似福利政策的实施彰显了城市"温度"，助力新市民、青年人安居，实现青年安居与城市发展的互惠共赢。面向未来，我们必须以增信心、防风险、促转型为主线，为新市民和青年人降低购房门槛、增多购房便利，不断提振新市民和青年人的购房信心。

5.支持刚性和改善性购房需求。当前，我国城镇化处于稳定而快速发展的阶段，相应的刚性购房需求保有较大增量，且城市中已有住房的群体也有改善居住条件的需求。近年来，一系列房地产调整优化政策接连出台，助推房地产高质量发展，满足人民群众的高品质住房需求。例如，认房不认贷、降低首付比例和贷款利率、住房交易契税减降、改善性住房换购税费减免等新政策的施行，提振了居民的购房信心，使购房群体长期积压的改善型购房需求得到有效释放。与此同时，国家发展改革委发布的《关于恢复和扩大消费的措施》中，明确提出保交楼、保民生、保稳定的战略要求，各地保交楼工作正有序推进，项目复工和建设交付加快进行，房地产市场供需失衡等问题得到改善。党的二十届三中全会明确提出，要充分赋予各城市政府房地产市场

2024年5月9日，陕西西安发布楼市新政，宣布该市全面取消住房限购措施，居民家庭在全市范围内购买新建商品住房、二手住房不再审核购房资格。图为西安北郊的住宅楼群（图源：视觉中国，中新社记者张远拍摄）

调控自主权，因城施策，允许有关城市取消或调减住房限购政策等举措，为进一步加快构建房地产发展新模式提供了顶层规制保障。总体来看，我国房地产市场正处在转型期，虽然遇到了一些困难，但未来的持续发展仍然有坚实的政策支撑。随着中国式现代化的推进和拓展以及党中央各项决策部署的持续落实，房地产发展新模式将逐步建立，人民群众的住房需求亦将得到充分满足。

长期以来，住房问题一直是我国民生领域的热门话题。从人民群众的需求来看，特别是城市中迫切需要住房资源的新市民、青年人，住有所居是人民群众在城市中安心奋斗的基本"刚需"。解决新市民、青年人的住房问题，政府和相关部门要发挥好"补位"作用，重点关注以下几个方面：**一要**以创新、协调、绿色、开放、共享的新发展理念为指引，加快研究更加符合中国现实情况、更加符合社会主义市场经济要求、更加服务于民生事业改善、体现社会主义国家性质的住房政策，在顶层设计的规制下进一步发展全国各地住房保障事业；**二要**大力发展保障性租赁住房，聚焦保租房在国家层面住房保障体系中的重点定位，确立发展目标，建立基础制度，推动多方参与，落实支持政策，推动形成多主体、多渠道发展保障性租赁住房新格局；**三要**加快推进住房租赁市场立法，补齐住房租赁市场短板，尽快形成市场规则明晰、政府监管有力、权益保障充分的住房租赁法规制度体系；**四要**关注租赁群体的归属感、体验感，在为住房困难群众提供基本保障的同时，不断完善居住环境与配套设施，实现由"住有所居"到"住有宜居"的跃升；**五要**注重因城施策、因群施策，持续优化首套刚需型住房的购房政策，降低购房门槛，提振新市民、青年人的购房信心，支持改善性购房需求，维护好购房群体的合法权益。

九 「减证便民」破解不动产权证办理难问题

广西壮族自治区百色市恒升水岸花园小区最早在2009年就陆续有业主入住，10多年来，因开发商广西恒升集团有限公司存在企业经营不善、企业股东纠纷、房屋债务纠纷、房屋验收无法通过等多方面问题，致使小区一直未能办理不动产权证，严重影响了业主的工作和生活，水岸花园小区长期处于烂尾状态，"办证难"问题一直困扰着该小区购房人。2023年5月25日，该小区部分业主办理了首次登记，约40名购房人获得了不动产权证书。多年来，我国积极推进不动产登记制度改革，不断提升不动产统一登记便利化水平，但不动产权"办证难"仍然是一个现实的问题。

不动产权证作为房产权属的证明，不仅是老百姓获得房产所有权的前提，而且与落户、子女上学等相挂钩，所以办理不动产权证对于百姓来说具有重要的意义。当前，不动产权证办理难主要体现在以下几方面：**一是**涉及部门多。不动产权证的办理涉及住建、税务、消防等多个部门，办理程序复杂且严格，申请人往往需要跑多个部门，走复杂的流程，甚至需要多次往返办理。**二是**所需材料多。不动产权证申请人需要提供身份证明、不动产权属来源证明、登记原因证明，以及房产界址、空间界限和面积等相关文件，办理手续复杂。**三是**办理时间较长。不动产权证办理的法定时间为30个工作日（涉及集体土地的60个工作日），时间较长，内部审核、审批环节较多。

总结不动产权证办理难的原因，**一是**从房地产开发企业来看，部分开发企业因建设手续不规范、配套设施建设不完善、项目烂尾等问题导致项目无法通过验收，达不到办证条件。有时同一项目同时牵扯房屋、土地、规划、法院查封等多个问题，盘根错节，难以解决。**二是**从相关职能部门来看，不动产权登记涉及多个部门，需要住建、财政、税务、法院、公安、消防、行政审批、发展改革委等多个部门配合，任一环节出现问题，都会导致证书难以办理。**三是**从业主自身来看，部分业主因保管不善导致材料遗失，为不动产权证的办理带来了一定的难度。新形势下，随着房地产行业的快速发展，人民群众在追求更加优美的居住环境、更加便利的交通出行的同时，拿到属于自己的不动产权证成为广大群众的迫切需要，因而为了能够解决人民群众的急难愁盼事，保障广大老百姓的切身利益，迫切需要解决好不动产权"办证难"问题。

（一）持续开展"减证便民"行动

不动产权证直接关系群众的切身利益，与老百姓的生活息息相关。不动产权证办理难，直接影响人民群众的获得感、幸福感、安全感。党的十八大以来，以习近平同志为核心的党中央高度重视解决人民群众办证难的问题，强调要持续开展"减证便民"行动，解决好群众办事难、办事慢、来回跑、不方便等突出问题，体现了党维护人民群众切身利益的坚定决心，彰显了深厚的为民情怀。

习近平同志在福州工作期间，推行"特事特办、马上就办"，"要大力提倡'马上就办'的工作精神，讲求工作时效，提高办事效率"[①]。党的十八大以来，党中央在创新不动产登记工

① 《实干才能梦想成真——习近平同志在福州工作期间倡导践行"马上就办"纪实》，《秘书工作》2015年第2期。

作、解决群众办证难等方面作出一系列重要部署。习近平总书记在党的二十大报告中特别强调要"完善产权保护"。不动产登记作为产权保护的重要制度，同时作为一项基本的公共政务服务，必须持续改革，加快完善，全面保护人民群众的不动产权利。在化解不动产权证办理难的创新举措方面，习近平总书记强调："要运用信息化手段推进政务公开、党务公开，加快推进电子政务，构建全流程一体化在线服务平台，更好解决企业和群众反映强烈的办事难、办事慢、办事繁的问题。"①

习近平总书记的这些重要论述，体现了以人民为中心的发展思想，为新时代破解不动产权证办理难问题提供了科学方法和根本遵循。

（二）创新服务模式，打通老百姓办证通道

党的十八大以来，党和国家始终把民生问题、人民群众的切身利益放在一切工作的首位，切实解决群众急难愁盼问题，尽力化解历史遗留问题导致的不动产"登记难"问题，解决了1100多万套房屋办证问题，惠及2600多万名群众。同时，全国各地积极配合国家的"放管服改革"政策，成立工作专班，推

---

① 习近平：《敏锐抓住信息化发展历史机遇 自主创新推进网络强国建设》，《人民日报》2018年4月22日。

行智慧服务，逐步探索建立了新的服务模式，打通了老百姓办证的通道。

1.成立工作专班，牵头化解难题。不动产权证的办理是一项艰巨复杂的重要工作，涉及部门广、手续多、专业性强，遗留问题复杂，仅凭一个或几个部门难以解决。面对历史遗留的"办证难"问题，黑龙江省牡丹江市委市政府把解决不动产历史遗留"办证难"问题作为维护社会稳定的重要政治任务和维护群众合法权益的重要民生工程，成立解决历史遗留问题"办证难"领导小组，主要领导亲自挂帅，主管副市长和市中级人民法院院长牵头协调，会同市委组织部、市委政法委、市纪委监委督导工作推进，形成了党委政府统筹统管、部门联动配合、各方力量合力推进的良好工作格局。2023年以来，全市43个项目5.4万户不动产历史遗留"办证难"问题已全部得到有效化解，并在省内率先破解涉法涉诉类项目办证难题。

2.精简工作流程，减轻群众负担。程序繁、材料多是制约不动产权证办理的重要原因。精简办事流程，简化证明材料是减轻人民群众负担，化解"办证难"问题的必然要求。围绕让群众"少跑路、少排队、快速办"的目标，江西省宜春市不动产登记中心在提供全天候、全方位服务的同时，通过设立"登记+交易+税务+银行"综合平行受理模式，实现"一窗受理、内部流转、并联审批、限时办结"的集成化服务，由"一个门"办证变为"一个窗"办证，解决了窗口间联动性差、重复排队、反复递交资料等现象。同时，取消不必要的材料和环节，合并相近资料和环节，将原来的"受理、初审、复

宜春市不动产登记中心为提高不动产登记办事效率和服务质量，提供自助打证服务（图源：宜春市自然资源局网站）

审"三审制变为"受理（初审）、核定"二审制，办事效率提高40%，每宗业务平均节省成本73元。

3.借助科技力量，推行智慧服务。随着互联网的飞速发展，大数据、云计算等技术推广应用，"互联网+"模式在不动产登记中应用广泛，我们通过"互联网+不动产登记"模式，有效提高服务质量，切实解决办证难题。云南省借助科技力量，一方面全面推进"互联网+不动产登记"推广应用工作，推动全省各地登记平台与省级平台金融机构接口互联互通，实现线上查询结果、自动使用电子签章，大幅提高了群众办事的便利感和满意度。另一方面，通过"云南省不动产登记"服务平台，及时推送信息、跟踪管理、为群众答疑解惑，同时联通云南"互联网+不动产登记"端口，在线提供不动产信息查询、办理进度查询、查询证明信息等服务功能，助推全省不动产登记办事服务便

民利民。截至2023年12月底，借助"互联网+不动产登记"平台，全省一般登记和抵押登记全流程平均办理时长分别降至3.65个和1.56个工作日，比法定办理时间（30个工作日）分别减少了87.83%和94.80%，有效缓解了办证难的问题。

4.健全长效机制，巩固改革成果。不动产权证办理难是历史遗留问题，其历史性解决绝不是一朝一夕能够完成的，为此必须建立健全长效机制，督促推动各责任单位扛牢主体责任，查找薄弱环节，解决具体问题，巩固改革成果。为从源头解决不动产"登记难"问题，山西省陆续建立健全长效机制：针对房屋从交付到领证周期过长的情况，推行"房证同交""地证同交""新建房预售资金监管"等制度，同时研究解决房地产企业代收税费、高价代办、强制代办等突出问题；针对国有企事业单位法律意识欠缺，召开国有企业协调推进会，提高国有企业改革后的市场经济意识、法人观念；推进实施工程建设项目竣工联合验收，压减审批时间，建立健全房地产领域专项

山西等多地试点"交房即交证"，让购房者吃上"定心丸"（图源：视觉中国）

投诉、受理、核实、处罚等全流程规范管理。山西省一系列长效举措，为从根本上破解不动产权证办理难问题奠定了良好的基础。

当前，全国各地正以实际行动全力破解不动产权证办理难问题，用心用情用力解决人民急难愁盼问题，把群众需求放在心上、落到实处，取得了良好的效果。但是，我们也要清醒地看到，不动产权证"办理难""难办理"是历史遗留问题，从根本上解决该问题还有很长的路要走。**一要**加快推动不动产登记法立法。制定一部精准细致的不动产登记法，是进一步巩固不动产统一登记成果的必然要求，有助于推动不动产登记制度法治建设开启新篇章，为改革发展提供更有力的法治保障，创造更好的法律环境。**二要**健全不动产登记业务标准。要完善从地籍调查、登记簿证、登记业务、窗口服务到系统运行、数据应用等全过程标准规范，推动不动产登记窗口设置更加合理、登记流程更加科学、服务模式更加优化、制度规范更加健全、工作开展更加高效、作风建设更加优良，切实增强群众的获得感、满意度。**三要**强化"互联网＋不动产登记"改革创新。在不断完善不动产登记信息管理基础平台功能的基础上，积极探索"互联网＋不动产登记"新模式，推动实体大厅向网上大厅延伸，推进网上咨询、预约、申请、查询、反馈等服务事项"能上尽上"，不断提升群众不动产登记便利化水平。**四要**强化精细精准监督。聚焦群众反映强烈的热点、堵点、难点问题，对于不动产登记过程中的不作为、慢作为、乱作为等问题精准发力，加大惩处力度，以坚强有力的纪律保障，为破解办证难问题"保驾护航"。

十 加快老旧小区拆迁改造，提升人民群众生活品质

　　"基础设施得到修缮，小区环境也美化了，居住舒适度提升不少。"四川省崇州市崇阳街道北楸社区辰居路100号院落居民对小区的变化非常满意。辰居路100号院，房龄超过20年，是典型的老旧院落，墙面脱落、环境脏乱差等问题层出不穷。2023年7月，随着北楸社区老旧院落改造项目在辰居路100号院落地，困扰居民多年的问题逐渐得到解决，居民群众的满意度不断提升。多年来，党和国家高度重视老旧小区拆迁改造，并将其作为造福群众的民生工程。新时代以

来，全国累计开工改造16.3万个老旧小区，惠及居民超2800万户，极大改善了部分群众的生活条件。但也要看到，老旧小区拆迁改造作为一项惠民工程，在实际工作中仍存在不少难点。

随着城市的发展，越来越多的老旧小区不能满足居民便利生活和城市发展的要求。老旧小区不仅户型小、安全性不高、环境差，还影响城市面貌。因此，对老旧小区进行拆迁改造是一项势在必行的惠民工程。当前，老旧小区拆迁改造的难点主要在于以下几个方面：一是改造资金难筹。老旧小区改造需要大量的资金，包括土地征收、拆迁费用、房屋改造费用、环境改造费用等。目前，很多老旧小区的居民收入较低，无法自行承担改造费用。二是改造方案难定。老旧小区改造需要制定科学的改造方案，不仅要考虑改造的效果，还要考虑改造的可行性和可持续性。同时，改造方案需要充分考虑居民的意见和需求。三是改造成果难维持。老旧小区经过拆迁改造，居住环境、设施条件、服务功能得到很大改善，但是随之而来的维护和管理问题逐渐凸显，如何维持改造成果，实现长效管理也是很大的问题。

总结老旧小区拆迁改造难的主要原因，一是老旧小区改造投入大、周期长、社会资本参与的积极性普遍不高，充分激发市场活力、吸引各类社会资本参与老旧小区改造的探索不足，多元化的资金筹措机制尚不成熟。二是涉及业主多，不同人群对改造内容、改造形式、时间节点、时间长短、费用分担等意见不同，协调过程复杂，对改造进度影响严重。三是老旧小区改造并非一劳永逸，若没有长期维护和运营管理机制，改造效果很难长期保持，在此基础上只有积极探索可持续的长效管理机制，帮助老旧小区找到自我运转维护治理的办法，才能彻底将老旧小区改造好。如何有效解决这些问题，做好老旧小区改造这一民生工程、民心工程，更好地满足人民群众对美好生活的向往，已然成为我们党必须重视、亟待解决的重要课题。

（一）老旧小区拆迁改造是提升人民生活品质的重要工作

老旧小区拆迁改造是落实以人民为中心的发展理念的战略举措，是城市更新改造的重点内容，既是重大民生工程，也是重要发展工程。全面推进老旧小区拆迁改造工作对满足人民群众美好生活需要、推进城市更新、促进经济高质量发展均具有重要的意义。习近平总书记一直高度重视老旧小区拆迁改造工作，强调："老旧小区改造直接关系人民群众的获得感、幸福感、安全感，是提升人民生活品质的重要工作。"[1]充分体现了总书记深厚的为民情怀，彰显了人民城市人民建、人民城市为人民的重要理念。

---

[1]　习近平：《党始终在人民身边》，人民日报客户端2022年8月18日。

党的十八大以来，习近平总书记坚持以人民为中心的发展思想，高度重视老旧小区拆迁改造工作，多次作出重要指示、发表重要论述，引领老旧小区拆迁改造工作不断取得新成效。关于老旧小区拆迁改造的价值指向，习近平总书记在北京市看望慰问基层干部群众时强调："党中央十分关心老城区和棚户区改造，就是要让大家居住更舒适、生活更美好，解决好大家关心的实际问题，让大家住在胡同里也能过上现代生活。"①关于老旧小区拆迁改造的重点任务，习近平总书记指出："老旧小区改造是提升老百姓获得感的重要工作，也是实施城市更新行动的重要内容。要聚焦为民、便民、安民，尽可能改善人居环境，改造水、电、气等生活设施，更好满足居民日常生活需求，确保安全。"②关于老旧小区拆迁改造可能遇到的困难，习近平总书记强调："老城区改造要回应不同愿望和要求，工作量很大，有关部门要把工作做深做细，大家要多理解多支持，共同帮助政府把为群众办的实事办好。"③关于老旧小区拆迁改造长效机制建设，习近平总书记明确指出："办实事不是简单帮钱帮物、搞花架子、堆几个盆景。既要立足眼前、解决群众'急难愁盼'的具体问题，又要着眼长

① 《习近平春节前夕在北京看望慰问基层干部群众》，《人民日报》2019年2月2日。
② 《在新时代东北振兴上展现更大担当和作为 奋力开创辽宁振兴发展新局面》，《人民日报》2022年8月19日。
③ 《习近平北京考察工作：在建设首善之区上不断取得新成绩》，《人民日报》2014年2月27日。

远、完善解决民生问题的体制机制，增强人民群众获得感、幸福感、安全感。"①

这一系列论述，坚持以人民为中心的发展思想，聚焦老旧小区居民关切，为我们在新的形势下推进老旧小区拆迁改造工作，满足人民日益增长的美好生活需要提供了科学方法和根本遵循。

（二）实施城市更新行动，推进老旧小区改造

党的十八大以来，党和国家积极实施城市更新行动，扎实推进城镇老旧小区拆迁改造，提升老旧小区居住环境、设施条件和服务功能，解决了一批群众急难愁盼问题，取得积极成效。与此同时，各地认真贯彻落实党中央、国务院决策部署，将以人民为中心的发展思想贯穿老旧小区拆迁改造各项工作，积极探索新路径新方法，为破解老旧小区拆迁改造难题找到了"新路子"。

1.多渠道筹措资金，强化资金保障。老旧小区改造需要大量的资金投入，因此，探索多渠道融资方式，确保老旧小区改造工作顺利进行十分重要。安徽省宣城市旌德县坚持多方筹集资金，一是坚持政府主导，积极向上争取补助资金。根据旌德县老

---

① 习近平：《在党史学习教育动员大会上的讲话》，《求是》2021年第7期。

老旧小区加装电梯，提升居民幸福感

旧小区改造工作实施方案，积极履行工作职责，坚持政府主导，积极争取保障性安居工程中央、省级补助资金。二是坚持项目为王，以项目形式争取债券资金。利用老旧小区改造规模化、区块化实施方式，对老旧小区改造进行项目立项，以一个个项目形式，向上争取发行债券资金。三是坚持市场运作，多方筹集资金。居民通过直接出资、使用（补建、续建）住宅专项维修资金、让渡小区公共收益等方式落实资金，原产权单位对已转移地方的原职工住宅小区改造给予支持，公房产权单位出资参与，专业经营单位出资参与等方式，吸引各类专业机构等社会力量投资参与各类改造设施的设计、改造、运营。这一系列重要举措，有力保障了旌德县老旧小区改造各项工作的顺利开展。

2.强化项目审查管理，确保改造合理可行。老旧小区拆迁改造是一项改善群众居住环境、提升城市面貌的重要民生工程，这不仅关系着城市形象，更关系着百姓的生活质量，为此我们必须强化项目管理并确保质量效果。山东省青岛市积极探索建立老旧小区改造项目联合审查机制，由辖区老旧小区改造工作牵头单位组织发展改革委、财政、自然资源和规划、城市管理等部门，结合小区状况和居民需求，对改造内容、规划设计、投资概算、资金来源及物业管理情况进行审

青岛市即墨区通济街道老旧小区改造施工（图源：视觉中国）

查，审查通过方可打包立项。此举不仅有效确保了改造项目的合理性、可行性，而且为改造取得良好的效果奠定了基础。

3.加大公众参与力度，引导居民共商共治。老旧小区拆迁改造涉及面广、问题复杂，因此在改造过程中不仅需要统筹地方政府、街道社区、实施运营主体等多方力量，还需要充分调动居民作为老旧小区改造主体的能动性与积极性。河北省保定市在全省率先建立征求民意达到3个80%的标准，即80%以上居民同意改造的小区方可纳入改造计划、改造方案经80%以上居民同意方可开工、居民满意度达到80%以上方可竣工验收。截至2023年11月底，保定市累计改造城镇老旧小区1806个，惠及居民37万户111万人，实现全市2000年以前建成的小区应改尽改，补齐了一批老旧小区基础设施和公共服务短板，有效提升了群众居住环境和城市形象品质。

4.健全长效管理机制，切实维护改造成果。老旧小区改造，能否切实提升人民生活品质，不仅在于改造这第一步进行得如何，更在于能否长效管理。浙江省温州市积极探索建立小区党支部、业主委员会、物业公司三方联席协商机制。小区党支部、业主委员会、物业公司每月定期召开会议，商讨小区共建共治思路举措。小区物业公司、业主委员会每季度向小区党支部报告工作开展、经费收支、日常管护等情况，相关情况向全体居民公示。小区党支部、业主委员会每年组织小区居民对当年物业管理工作成效开展满意度测评，测评结果作为下一年改进物业管理的重要依据。此举有效杜绝了改后失管现象的发生，赢得了居民一致好评。

老旧小区改造是一项推动城乡更新的系统工程，涉及很多方面，关系千万百姓的福祉，不仅要改造外表的"面子"，改得好看，更要做好惠民的"里子"，让居民住得舒心。**一要**聚焦群众关切。坚持从群众的意愿出发，找准老旧小区存在的安全隐患和设施服务短板，哪不行改哪、缺什么补什么，一小区一对策，确定改造内容、改造方案和建设标准，不搞"一刀切"，杜绝形象工程。**二要**统筹提升服务水平。统筹推进小区适老化、养老、托育、医疗等公共服务水平不断提升，全链条完善配套设施，解决让群众居住更加舒适的"里子"问题。**三要**秉持开放理念。重新审视老旧小区及周边城市区域可利用的潜在资源，通过老旧小区改造，促进资源合理化分配。例如，将小区周边闲置空间纳入改造计划，为居民补充便民服务设施，并对周边开放。这一方面可以增加运营收益，另一方面也可弥补城市公共服务设施的不足。我们相信，在一系列举措的有效施行下，一个个老旧小区必将在未来展现出新的面貌，人民也将居住得更加舒适、生活更加美好。

十一 做大『蛋糕』，分好『蛋糕』

　　近年来，有关城乡收入差距的问题几次高挂热门榜单，这种不平衡状态涉及经济、社会以及文化等多方面因素。随着时间的推移，城乡差距仍然存在。一名家住农村的"博主"列出了四川省某偏远山村普通农户的年收入情况：油菜收入650元、苞谷收入450元、红苕做成淀粉收入2000元、豌豆尖收入200元、鱼腥草收入50元、南瓜米收入60元、鸡和鸡蛋收入474元、土地承包租金531元、农保和粮食直补款收入3700元、打零工收入3800元，共计11915元。从这个数字来看，该农户老两口儿一年的收入，与在大城市生活的普通人的年收入相比，呈现出较大的差距。

对于当前存在的不同地区、行业、群体之间收入差距较大等分配不公现象，人们反应强烈。具体而言，收入分配问题表现在以下几个方面：**一是**东西部地区之间收入差距较大。居民人均可支配收入作为一个关键的经济指标，反映了不同省份之间的经济发展水平和居民收入水平。2023年的数据显示，各省份之间存在明显差异，上海市居民人均可支配收入达到84834元，而西藏自治区、新疆维吾尔自治区居民收入分别为28983元、28947元，呈现较大差距。**二是**不同行业之间收入差距较大。随着中国经济转型和产业结构的调整，行业之间产生较大的收入差距，从国家统计局分行业门类就业人员平均工资来看，2022年信息传输软件和信息技术服务业为220418元，金融业为174341元；而农、林、牧、渔业为58976元，居民服务、修理和其他服务业为65478元，相比较而言收入差距较大。**三是**城乡居民之间收入差距较大。城乡差距是一个长期存在的问题，国家统计局数据显示，2023年，城镇居民人均可支配收入为51821元，农村居民人均可支配收入为21691元，城市居民的收入水平明显高于农村居民。

为何会出现收入分配不公问题？**一是**发展性原因。各地、各区域在经济发展中出现的不均衡问题直接反映在收入分配中，一定程度上导致收入分配不均衡。二是体制变迁性原因。在体制转型过程中，不同方面、不同领域市场化改革进展程度不同，市场竞争的充分性、公平性也不同，易产生收入分配差距。三是收入结构性原因。当前，人们的收入来源越来越多元化，除劳动外，资产性收入日益提高，人们的人力资本投入形成的差异日益成为收入差距的重要原因。四是社会保障性原因。经济转型时期，社会保障机制的相对滞后使得收入分配和收入差距难以在较短时间内得到高效调节，也是导致出现分配不公问题的原因之一。

（一）既做大"蛋糕"，又分好"蛋糕"

分配制度是社会主义基本经济制度的主要内容，也是促进共同富裕的基础性制度。面对现实问题，习近平主席指出："中国要实现共同富裕，但不是搞平均主义，而是要先把'蛋糕'做大，然后通过合理的制度安排把'蛋糕'分好，水涨船高、各得其所，让发展成果更多更公平惠及全体人民。"[1]

党的十八大以来，以习近平同志为核心的党中央准确把握我国发展阶段新变化，把逐步实现全体人民共同富裕摆在更加重要的位置上，并就健全完善中国特色社会主义分配制度作出重要部

---

[1] 《坚定信心 勇毅前行 共创后疫情时代美好世界——在2022年世界经济论坛视频会议的演讲》，《人民日报》2022年1月18日。

署，为在全面建设社会主义现代化国家的新征程中实现共同富裕提供了根本遵循。关于坚持基本经济制度，习近平总书记强调："要立足社会主义初级阶段，坚持'两个毫不动摇'。要坚持公有制为主体、多种所有制经济共同发展，大力发挥公有制经济在促进共同富裕中的重要作用，同时要促进非公有制经济健康发展、非公有制经济人士健康成长。"①关于进一步规范收入分配秩序，习近平总书记指出："坚持以人民为中心的发展思想，在高质量发展中促进共同富裕，正确处理效率和公平的关系，构建初次分配、再分配、三次分配协调配套的基础性制度安排，加大税收、社保、转移支付等调节力度并提高精准性，扩大中等收入群体比重，增加低收入群体收入，合理调节高收入，取缔非法收入，形成中间大、两头小的橄榄型分配结构，促进社会公平正义，促进人的全面发展，使全体人民朝着共同富裕目标扎实迈进。"②关于构建收入分配格局，习近平总书记在党的二十大报告中指出："完善个人所得税制度，规范收入分配秩序，规范财富积累机制，保护合法收入，调节过高收入，取缔非法收入。"关于健全按要素分配机制，习近平总书记指出："完善按要素分配的体制机制，促进收入分配更合理、更有序。要健全要素市场运行机制，完善要素交易规则和服务体系。完善按要素分配政策制

---

① 《习近平著作选读》第二卷，人民出版社2023年版，第502页。
② 《习近平著作选读》第二卷，人民出版社2023年版，第503页。

度，探索通过土地、资本等要素使用权、收益权增加中低收入群体要素收入。多渠道增加城乡居民财产性收入。"①

收入分配是直接关系老百姓"钱袋子"的大事。"钱袋子"越鼓，人们生活越有保障；财富分得越公，人们越能心平气顺。习近平总书记就完善分配制度作出重要部署，为在全面建设社会主义现代化国家的新征程中实现共同富裕指明了方向，提供了根本遵循。

（二）扎实推进全体人民共同富裕

党的十八大以来，在以习近平同志为核心的党中央坚强领导下，党和国家采取一系列措施，着力持续推动收入分配结构调整，优化重塑区域发展格局，使发展的协调性和可持续性明显增强。共同富裕是中国特色社会主义的本质要求，中国式现代化坚持发展为了人民、发展依靠人民、发展成果由人民共享。为让人民群众获得看得见、摸得着的实惠，全国各地以解决分配问题为主攻方向，持续完善收入分配制度，抓好一系列重大举措，努力做大和分好"蛋糕"。

1.提高居民收入水平。收入水平是人民群众最关注的指标，

---

① 《习近平经济思想学习纲要》，人民出版社、学习出版社2022年版，第76页。

居民收入的增长是提高生活幸福度、舒适度的重要方面。山东省深入推进"创业齐鲁·乐业山东"专项行动，通过组织各具特色的创业创新大赛、展示交流等

"一村一品"强镇富民，山东省临沂市河东区郑旺镇郭家湾村积极发展玫瑰种植合作社（图源：视觉中国）

活动，释放各类群体创业创新活力，促进多渠道灵活就业；打造农业优势特色产业，实施乡村产业平台构筑行动，按照"一县一园、一镇一业、一村一品"思路，推动全省农产品加工业持续稳定健康发展，切实增加农民财产收入；发挥企业工资指导调控作用，推动企业开展集体协商，促进企业职工工资合理增长。2023年，山东省居民人均可支配收入为39890元，比上年增长6.2%。其中，城镇居民人均可支配收入为51571元，增长5.1%；农村居民人均可支配收入为23776元，增长7.5%。

2.完善收入分配制度。完善分配制度可以促进机会公平，让每个人都有平等的机会参与竞争，通过发挥个人最大潜能去创造收入和财富，使每个人都能以有尊严的方式获得美好生活的物质基础。宁夏回族自治区全面落实机关事业单位工资津贴补贴政策，完善体现岗位绩效和分级分类管理的事业单位薪酬制度，合

理提高医务人员待遇，保障义务教育教师待遇；深化企业工资决定机制改革，定期发布企业工资指导线和人力资源市场价位信息，适时调整最低工资标准，合理增加职工工资；不断健全要素参与分配机制，鼓励企业将工资分配与岗位价值、技能素质、实际贡献、创新成果等挂钩，推动分配向作出突出贡献人才和一线关键岗位倾斜。通过这些举措，宁夏回族自治区切实推动了居民收入和经济发展同步增长、劳动报酬和劳动生产率同步提高。

3.全面推进乡村振兴。农民农村共同富裕是实现全社会共同富裕的关键组成部分，必须让广大农村劳动者共享社会发展成果。2021年以来，陕西省全面推进乡村振兴工作，坚持把巩固拓展脱贫攻坚成果同乡村振兴作为"三农"工作的重中之重，扎实推进守底线、抓衔接、促振兴各项任务，全力朝着共同富裕稳步前进。近年，陕西省积极发挥村级劳务机构的优势，精准掌握脱贫劳动力基本信息、劳动能力、技能水平和就业意向，建立脱贫劳动力人员信息台账；同时，启动苏陕劳务协作、秦巴就业联盟合作机制，组织人力资源公司广泛征集市内外企业用工岗位需求，建立企业用工需求信息台账，实现"合适的人"到"合适的岗"，真正带动农村农民增收致富。据统计，2023年陕西省农村居民人均可支配收入达到16992元，较上年增长8.2%，增速高于全国0.5个百分点。

4.促进基本公共服务均等化。促进基本公共服务均等化，推动优质公共服务资源向基层延伸，加强普惠性、基础性、兜底性民生建设，能够使全体人民在共建共享发展中有更多获得感。为不断提升全省基本公共服务均等化水平，浙江省财政厅在深入基层走访调研的基础上，创新探索构建体系化、集成化的"钱随人走""1+X+N"政策体系，即出台"1"个转移支付制度改革实施意见，建立完善"X"个配套制度，优化"N"项分领域转移支付资金分配管理办法，加大转移支付资金与常住人口因素的联系程度，推动转移支付资金分配与基本公共服务对象精准挂钩，并在教育、卫生领域率先试点突破。通过这项改革，浙江正着手构建一个以人为核心的转移支付体系，这一举措能够把财政资金配置到最需要的地方，让财政资金配置更加精准、市县的财力保障更加均衡、各地提供的基本公共服务水平更加均等。

浙江省推进"千万工程"建设不断深化发展，为浙江大地万千美丽乡村注入无限活力（图源：浙江省农业农村厅网站）

未来十年是中国经济社会发展的重要时期，要在全社会对于收入分配问题形成共识的基础之上解决分配不公问题。为此，党和政府高度重视扩大中等收入群体，致力于形成"橄榄型"社会结构与"橄榄型"分配结构。**一要**在工资分配中充分发挥市场的决定性作用，更好发挥政府作用，在促进经济社会发展的同时实现职工工资协调增长、劳动生产率提高与劳动报酬提高基本同步。**二要**完善按要素分配政策制度，探索多种渠道增加中低收入群众要素收入，多渠道增加城乡居民财产性收入。**三要**坚持按劳分配为主体、多种分配方式并存，构建初次分配、再分配、第三次分配协调配套的制度体系，充分发挥初次分配的基础性作用，更好发挥再分配和第三次分配的调节功能。**四要**规范收入分配秩序，优化收入分配结构，缩小收入分配差距，助力推动全体人民共同富裕取得更为明显的实质性进展。基于此，完善收入分配制度，使居民收入增长和经济增长基本同步、劳动报酬提高与劳动生产率提高基本同步，充分体现以人民为中心的发展思想，既有利于激发社会成员创造更多社会财富的动力，把"蛋糕"做大，为共同富裕打下坚实的物质基础；又有利于让发展成果更多更公平惠及全体人民，把"蛋糕"分好，促进实现共同富裕。

十二
加强源头治理，
让城市停车不再难

　　小王是一名出租车司机，他所居住的小区车位规划较少，每日都在上演着"车位争抢大戏"，很多时候小王在外跑车下班很晚回到小区，却发现小区停车位早已停满，无奈之下小王只能将车停到他处。在城市可能不少开车的人都会碰到停车难问题。当前，随着人民生活水平的日益提高，机动车保有量也在不断增加，停车难在一定时期内仍是亟待解决的问题，如何最大限度地补齐城市停车泊位建设的短板，持续解决好停车难这个城市民生大难题，既是满足人民群众美好生活需要的重要内容，也是现代城市发展的重要支撑。

如今，停车难成为城市的通病，从武汉、杭州等大城市，再到北京、上海等超大型城市，停车难都给群众的生活和交通管理带来了困扰。国家发展改革委公布的数据显示，我国大城市的汽车和停车位的比例约为5：4，中小城市的比例约为2：1。目前城市"停车难、停车乱"已成为交通拥堵的重要诱因，也成了影响投资环境和制约城市与区域社会经济发展的"瓶颈"。

总结停车难的主要原因，一是老旧小区甚至部分新小区停车位规划设计不足，未能合理预测未来停车需求的发展，尤其是早期建成的小区配建车位数不足或根本没有配建车位。二是周边公共停车场车位规划少，缺乏引导停车设施开发的配套政策和法律保障，有关停车场建设在土地供应、方案审批、资金使用、运营维护等方面依然缺乏必要的政策保障。三是停车场收费不合理，

停车场每小时收费偏高，停车场周边路内停车大多免费，导致许多人将车停在马路边，影响周边居民正常出行且存在安全隐患。因而，面对城市治理的重要一环，对

被周边高楼环抱的地上停车场

于关系民生的停车难问题，如何在全社会共同参与、各部门各司其职的基础上，建立强有力的协调机制统筹推进解决停车难问题，是今后一段时间党和国家需要解决的民生课题。

（一）"挤"出停车位，"挖"出停车资源

解决停车难问题是城市治理的重要一环。习近平总书记心系城市治理，强调"在城市旧城和老旧小区改造，地下管网、停车场建设，托幼、养老、家政、教育、医疗服务等方面都有巨大需求和发展空间"[①]，凸显了总书记的民生情怀。

党的十八大以来，习近平总书记在推进城市治理，着力解决城市出现的各种问题方面作出了一系列重要部署。在推动创新、优化治理方面，习近平总书记强调："坚持人民城市人民建、人民城市为人民，提高城市规划、建设、治理水平，加快转变超大特大城市发展方式，实施城市更新行动，加强城市基础设施建设，打造宜居、韧性、智慧城市。"在建设智能停车设施方面，习近平总书记强调，以人工智能技术推动各产业变革。"要推动智能化信息基础设施建设，提升传统基础设施智能化水平，形成适应智能经济、智能社会需要的基础设施体

[①] 习近平2020年4月10日在中央财经委员会第七次会议上的讲话。

107

系。"①在改善出行方式方面，习近平主席强调："要加快形成绿色低碳交通运输方式，加强绿色基础设施建设，推广新能源、智能化、数字化、轻量化交通装备，鼓励引导绿色出行，让交通更加环保、出行更加低碳。"②"城市轨道交通是现代大城市交通的发展方向。发展轨道交通是解决大城市病的有效途径，也是建设绿色城市、智能城市的有效途径。"③在城市资源和资源共享方面，习近平总书记强调："城市是人集中生活的地方，城市建设必须把让人民宜居安居放在首位，把最好的资源留给人民。"④"共享发展是建设美好世界的重要路径。"⑤

这一系列重要论述和出台的相关政策，凸显了现代城市发展理念，解决停车难问题是以人民为中心的发展思想在现代城市发展中的具体体现，这些重要论述对解决好城市停车难问题具有重要的指导意义。

---

① 习近平：《加强领导做好规划明确任务夯实基础 推动我国新一代人工智能健康发展》，《人民日报》2018年11月1日。

② 习近平：《与世界相交 与时代相通 在可持续发展道路上阔步前行——在第二届联合国全球可持续交通大会开幕式上的主旨讲话（2021年10月14日）》，《人民日报》2021年10月15日。

③ 《习近平出席投运仪式并宣布北京大兴国际机场正式投入运营》，《人民日报》2019年9月26日。

④ 习近平：《在浦东开发开放30周年庆祝大会上的讲话》，《人民日报》2020年11月13日。

⑤ 《习近平向全球共享发展行动论坛首届高级别会议致贺信》，《人民日报》2023年7月11日。

（二）盘活存量扩大增量，让老百姓停车更方便

作为与现代城市发展相伴相生的现象，停车难问题的处理不仅与停车位的规划、建设，资源的统筹利用相关，还与智慧城市建设相伴而行，并且受到政策引导和制度规范的影响。党的十八大以来，以习近平同志为核心的党中央把解决好人民群众急难愁盼问题作为社会建设的紧迫任务，在提高城市规划、建设智慧城市等方面推出一系列卓有成效的重大举措。与此同时，各地高度重视停车设施规划建设管理工作，坚持规划引领、盘活资源，不断增加停车泊位供给，取得了实实在在的效果。

1.立体停车场释放增量。鼓励已有平面停车设施立体化改造，成倍发挥停车用地效能，立体停车库不仅能够集约利用土地资源，而且可以有效增加车位供给，是非常值得大力推广的停车方式。可对目前设有内部停车泊位的中心城区部分小区进行改造，充分提高空间利用效率，由小区居民和政府共同出资，对小区内部停车空间进行扩容，增加小区内部泊位数量。重庆市为了解决停车位紧张的难题，引入了立体停车楼，这种多层建筑结构专门用于停放汽车，车主只需在停车楼门口扫码登记车辆信息停车入库，车辆就会以45度角全自动停放，这样的停车方式不仅方便快捷，还能节省35%的空间。立体停车楼的建立受到广大群

众的称赞，纷纷反映科技改变生活，不仅充分集约利用土地还增添了更多停车位，为更多车主解决了停车的难题。

2.增建公共停车设施。提升土地利用率，节约集约利用土地资源，积极推进已有用地的停车设施开发，形成功能集聚。上海市积极拓展利用老旧小区和医院周边各类土地空间资源，结合新建绿地、公园、学校、民防设施、社区公共服务设施等政府投资项目同步建设公共停车设施，并重点推进利用既有学校操场以及民防设施等地下空间增建公共停车设施，结合周边道路、老旧厂房、高架桥下空间、闲置土地资源等建设公共停车场。陕西省西安市结合已经运营与即将开通的地铁线路大力建设P+R停车场，并积极利用城中村、旧城改造及主城区环境综合整治拆迁腾退土地等闲置用地建设停车场，充分利用城市广场、学校、公园绿地、体育场、旅游景区以及交通枢纽、公交场站等公共设施地上、地下空间建设公共停车设施，全面形成"以配建停车设施为主、路外公共停车设施为辅、路内停车为补充"的城市停车体系，逐步构建"有位、有序，共建、共享"停车格局，实现停车治理与城市交通协调发展。

3.建设集成化停车信息平台。通过信息化平台提升各类停车设施信息化管理水平，推动路侧泊位、路外停车场（库）、车管系统等信息主体的互联互通，形成信息集中、服务集成的城市智能停车信息服务平台。福建省福州市建设集成化停车信息平台，将停车信息数据实时在平台上呈现，市民通过手机客户端查看平台停车信息，掌握公共停车场分布、泊位数量、剩余泊位等停车信息，实现精准诱导停车和精准诱

交通干道沿线安装智慧停车位，促进5G智慧城市管理（图源：视觉中国）

导路径，最大限度方便群众停车。江苏省南京市充分运用"大智云物移"等技术完成智慧停车管理平台建设，逐步推广建设共享平台，掌握车主的实际需求，通过大数据技术和云平台深度挖掘停车数据，以前端设备智慧改造和平台智慧化运营为抓手，减少"跑冒滴漏"、降低人力成本、提升车位周转率，缓解目前市内的"停车难""交通堵"问题。山西省阳泉市建立了智慧停车综合管理平台，开发三级停车诱导系统，为驾驶员提供准确停车位置，有效改善了车主在商场、医院等公共停车区域因寻找停车位影响车辆通行的现状，提高了车位利用率，有效疏通区域二次拥堵，提升停车治理智能化水平。车主们利用停车智慧平台能够高效快捷获取车位信息，不仅节省了寻找车位的时间，还有效减少了车辆乱停乱放现象。

4.降低停车场收费标准。降低收费标准更易引导车主规范停

车。将车辆直接停到收费合理的停车场，不仅可减少车主因停车场收费高等问题开车绕路寻找停车位而造成的汽车尾气排放量增多污染环境的情况，还能提升车主到停车场停车的意愿，增加停车场收入。浙江省嘉兴市对城市道路公共停车泊位区域划分、免费时长、收费标准和收费时段进行了调整，将免费停车时长从20分钟延长至30分钟，同时对停车以30分钟为间隔计费期进行收费，最大限度为市民停车提供便利，让市民成为最大的受益者。免费停车时长的延长以及收费标准的下调受到了广大车主的称赞，市民高兴地回应："现在的停车费比较合理，老百姓是普遍能接受的，还是要感谢政府。"

当前我国城市停车难的问题基本好转，但随着机动车保有量的不断增加，停车问题仍然是未来很长一段时间需要解决的难题。要有效解决停车难现状，必须动员全社会力量：**一要**加强政府层面的政策扶持力度和监管力度，围绕加大支持停车服务力度与强化规范监管这条主线，进一步完善政策、加强管理。**二要**进一步完善规划设计方案，规划部门要从更大的格局上释放城市停车场发展空间，将城市规划思维贯穿在每一个领域中，超前谋划布局，统筹安排。**三要**建立停车场监督管理长效机制，城管部门应加强有效监督，确保停车设施功能不变；同时主动作为，拓宽群众监督渠道，精准掌握群众急难愁盼问题。**四要**加强智能数字信息化共享，交通管理部门应科学指导车辆停放，实现停车资源合理配置，缓解停车压力，提升城市停车管理能力。**五要**加强停车资源共享，机关单位等开放停车设施，车主与租赁公司建立车辆共享，控制汽车保有量增长速度。只有多管齐下，多措并举，才能切实有效解决城市停车难问题。

十三　完善保障体系，保护弱势群体

山东省德州市平原县人社局于2024年10月发布通知，为拓宽就业帮扶渠道，促进就业困难人员就业，根据《山东省城乡公益性岗位管理监督办法》（鲁人社规〔2024〕1号）、《关于印发山东省城乡公益性岗位"质效提升年"实施方案的通知》（鲁人社字〔2024〕37号）等文件精神，结合平原县实际，公开招聘城镇公益性岗位人员。共设置63个岗位，面向九大主要安置群体：城镇零就业家庭人员、城镇大龄失业人员、登记失业的"二孩妈妈"、连续失业一年以上人员、困难家庭和有残疾的离校未就业应届高校毕业生、16—24岁失业青年、享受最低生活保障人员、残疾人、抚养未成年子女的单亲家庭成员。每月固定发放岗位补贴，并为上岗人员按规定缴纳社会保险。

此次招聘活动旨在通过提供稳定的工作机会，帮助这些弱势群体改善生活状况，增强他们自给自足的能力。岗位类型多样，包括公共管理类、公共服务类、社会事业类、设施维护类、社会治理类等岗位，以满足不同求职者的需求。同时，平原县人社局计划开展岗前培训，提升应聘者的专业技能，以更好地适应岗位要求。通过这些综合措施，平原县希望能够有效缓解就业压力，促进社会和谐稳定。弱势群体合法权益保障问题系社会各界普遍关注的重点，其现状具体表现如下：**首先**，在平等就业方面，弱势群体自身劳动能力相对较弱，难以与普通劳动力进行公平竞争，面临就业困境，缺乏稳定的经济来源。**其次**，在接受教育方面，弱势群体在获取及享受教育资源时常常处于劣势，社会为其提供的高层次教育资源相对匮乏，导致其社会竞争力难以提升。**再次**，在医疗保障方面，当前的社会医疗保障制度缺乏针对弱势群体的专门政策，且部分弱势群体对基本医疗保障知识了解不足，使其在生活中难以获得全面有效的医疗保障。**最后**，在信息服务领域，弱势群体难以跟上数字化时代的发展步伐，且在辨识网络信息真伪方面存在偏差，导致其合法权益易受到侵害。

我国弱势群体合法权益保障面临挑战的原因如下：**第一**，弱势群体人口数量众多。我国庞大的人口基数导致即使弱势群体在总人口中所占比例较小，其绝对数量仍然不容忽视。这一群体包括留守儿童、留守老人、残疾人、失业者、农民工以及社会边缘人等。**第二**，弱势群体自身能力有限。因体力、能力的限制，弱势群体往往面临比普通人更多的困难和挑战。在相同问题面前，他们往往难以像普通人那样有效应对，有时甚至陷入无法自救的困境。**第三**，弱势群体的诉求易被忽视。由于表达途径的不完善和不畅通，他们的诉求难以有效传达并得到社会的及时关注。**第四**，关于弱势群体的扶持政策仍有待完善。由于各地经济发展水平存在差异，部分经济落后地区的政府难以提供足够的物质支持。**此外**，由于弱势群体的形成原因多样，情况复杂多变，因此制定和实施针对他们的全过程扶持政策具有相当大的难度。

综上所述，我国弱势群体的合法权益保障问题亟待解决。党和政府高度关注这一问题，积极寻求妥善的解决方案，以确保弱势群体的合法权益得到有效保障。

（一）强化弱势群体保护机制，完善社会保障体系

社会公平的实现离不开对弱势群体的充分保护，自党的十八大以来，我国已在弱势群体合法权益保障方面取得了显著成效。习近平总书记强调，保护妇女儿童，保护老年人、残疾人等弱

势群体，保障人民基本生活。《中共中央关于进一步全面深化改革　推进中国式现代化的决定》指出，健全社会救助体系，健全保障妇女儿童合法权益制度，完善残疾人社会保障制度和关爱服务体系。习近平总书记针对不同的弱势群体作出了相应的重要指示，精准解决每一个困难群体的现实问题。

新时代弱势群体受到了更加广泛的关注，他们的合法权益保障得到了进一步巩固。针对残疾人，习近平总书记在党的二十大报告中指出："完善残疾人社会保障制度和关爱服务体系，促进残疾人事业全面发展。"习近平主席向康复国际百年庆典致贺信强调："中国对残疾人格外关心、格外关注，在中国式现代化进程中，将进一步完善残疾人社会保障制度和关爱服务体系，促进残疾人事业全面发展。"[1]针对留守人员，习近平总书记指出："重视农村'三留守'问题，搞好农村民生保障和改善工作。让农村留守人员生活得踏实、安全、无忧，是各级党委和政府特别是基层党委和政府的重大责任。要抓紧完善相关政策措施，健全农村留守儿童、留守妇女、留守老年人关爱服务体系，围绕留守人员基本生活保障、教育、就业、卫生健康、思想情感等实施有效服务。"[2]针对失业待业群体，习近平总书记指出："要全面落实就

---

[1]　《习近平向康复国际百年庆典致贺信　在全国助残日之际，向全国广大残疾人及其亲属，向广大残疾人工作者致以亲切问候》，《人民日报》2023年5月22日。
[2]　《十八大以来重要文献选编》（上），中央文献出版社2014年版，第681页。

业优先政策，把推动实现更加充分更高质量的就业摆在突出位置，完善政策体系，强化培训服务，精准有效实施减负稳岗扩就业各项政策措施，支持多渠道灵活就业，重点抓好高校毕业生、退役军人、农民工等群体就业。要开拓就业渠道，加强对脱贫家庭、低保家庭、零就业家庭、残疾人等困难人员就业兜底帮扶。"[1]针对贫困妇女等群体，习近平主席指出："我们要把保障妇女和女童权益置于公共卫生和复工复产计划重要地位，特别是拓宽妇女就业渠道，打击侵犯妇女权益的行为。我们要强化社会服务，优先保障孕产妇、儿童等特殊人群，格外关心贫困妇女、老龄妇女、残疾妇女等困难群体，为她们做好事、解难事、办实事。"[2]

在鲁北地区最大的海产品干货批发市场所在地冯家镇，当地为留守妇女提供分拣虾皮的工作（图源：视觉中国）

自党的十八大以来，以习近平同志为核心的党中央高度重视弱势群体的相关工作，并提出了一系列关于保障弱势群体合法权益的新思想、新理念

① 《把握战略定位坚持绿色发展 奋力书写中国式现代化内蒙古新篇章》，《人民日报》2023年6月9日。
② 《习近平在联合国大会纪念北京世界妇女大会25周年高级别会议上的讲话》，《人民日报》2020年10月2日。

和新战略。通过不断加强弱势群体的扶持工作建设实践，我们积累了丰富的经验。新时代我国弱势群体保障工作取得了历史性成就，不仅满足了人民群众对美好生活的需要，也为全球弱势群体保护工作的建设贡献了中国智慧和中国方案。这充分体现了我国政府对弱势群体的深切关怀，为推动社会公平正义和和谐发展作出了积极贡献。

（二）切实维护并保障弱势群体的合法权益

在全面建设社会主义现代化国家的伟大征程中，保护弱势群体的合法权益被赋予了重要的战略地位。自党的十八大以来，以习近平同志为核心的党中央对弱势群体的福祉给予了深切关怀，作出了一系列关于弱势群体保障工作的重要部署，明确要求我们必须切实维护弱势群体的合法权益，并努力改善他们的生活条件。各级政府迅速响应党中央的号召，通过增加经济补贴、完善医疗保障等措施，加大了弱势群体的保障力度。同时，各地根据不同弱势群体的特性，有针对性地创新工作机制，确保弱势群体的合法权益得到切实保障。

1.给予残疾人经济补贴。由于客观原因，残疾人的生活水平处于社会的较低层次。作为弱势群体中备受关注的一部分，残疾人需要得到更多的关注和支持。为了切实提高残疾人的生活质量，各地政府在经济方面给予了相应的补贴。这些补贴不仅能够最直观地缓解残疾人的经济困难，更能够帮助他们逐步提高生活水平和质量，进一步融入社会。从2018年1月1日起，西藏自治区困难残疾人生活补贴标准由每人每月55元提高到100元，重度残疾人护理补贴标准由每人每月110元提高到200元。近年来，西藏自治区落实残疾人"两项补贴"资金7.4亿元，惠及困难残疾人43.9万人（次），重度残疾人15.3万人。各级政府部门积极行动，结合当地经济实际，为残疾人家庭提供经济援助，以保障他们的基本生活需求。这些措施的实施对于改善残疾人家庭的生活状况、提升他们的生活质量具有积极意义。

2.兜牢低保户的生活底线。通过扎实的前期工作，各地政府制定相关政策文件，旨在明确提升城乡最低生活保障标准，并对低保"单人户"施保、低保渐退、特殊刚性支出核算抵扣等政策进行优化调整。考虑到各地的实际发展状况，政府决定适度放宽低保申请条件，同时提高最低生活保障标准。这一举措旨在全面实现"应保尽保、应兜尽兜"的目标，确保每一位公民的基本生活需求得到切实保障，从而守住基本民生底线。陕西省宝鸡市对城乡居民最低生活保障标准作出调整，自2023年1月1日起，城市低保标准统一提高到662元/人/月，同比增幅6.77%；农村低保标准统一提高到5964元/人/年，同比增幅21.22%。从脱贫攻坚到乡村振兴，提高人民的生活水平是关键。截至2024年6月底，全国共有城乡低保对象4037万人，切实做到"应保尽保"非常必要。目前很多地区均已上调城乡低保标准，同时2023年中央一号文件也送来了"春风"，低保户的基本生活条件得到了保障。

3.为失业待业人群创造就业机会。失业待业人群是弱势群体中极具潜力的部分，只要为他们提供适当的就业机会，他们便能够摆脱弱势地位，重新融入社会主流生活。为此，各级政府部门正在积极与社会组织和机构合作，致力于创造更多就业机会，为待业无业人群铺设重返社会的道路。2023年7月，贵州省出台一系列政策措施，强化精准就业帮扶，不断提升就业服务的针对性、有效性。失业登记全面覆盖，对符合条件的登记失业人员，纳入临时救助或最低生活保障范围。加大企业吸纳失业人员支持力度，对吸纳登记失业半年以上人员就业的企业，按规定给予一次性吸纳就业补贴。对通过市场渠道难以实现就业的就业困难人员，可按规定通过公益性岗位托底安置就业。针对失业人群，各地设置失业保险金以供申领，保证其在择业期的正常生活，并且加大金融扶持、创业孵化、创业补贴等政策力度，将灵活用工服务纳入就业公共服务范围，最大限度保障就业。

4.加强农村留守妇女的关爱服务。为推进乡村振兴战略，必须重视农村留守妇女的关爱服务工作，这是构建全面覆盖农村留守儿童、留守妇女及留守老年人关爱服务体系的关键环节。通过加强关爱服务，我们能够为农村留守妇女提供更多支持和帮助，从而推动农村社会的和谐稳定发展。2020年7月，根据民政部等13部门的要求，云南省结合实际出台《关于加强农村留守妇女关爱服务工作的实施意见》，加大对贫困农村留守妇女健康服务力度，实施贫困地区农村妇女"两癌"检查项目，优先为适龄农村留守妇女免费进行"两癌"筛查，开展贫困母亲"两癌"救助，切实提升农村留守妇女的卫生健康意识和水平。云南省按照分类指导、突出重点的原则，面向广大农村留守妇女，尤其是有困难、有需求的农村留守妇女提供相应关爱服务，进一步完善了农村留守妇女关爱服务体系，健全工作机制，提升关爱服务能力。

5.保障农民工工资支付工作。多年来，农民工这一规模庞大的群体在推动城市发展进程中起到了至关重要的作用。他们通过不懈的辛勤劳动为城市居民的生活提供了诸多便利。然而，值得注意的是，农民工工资被拖欠的问题仍然存在。特别是在工程建设领域，由于建设资金不到位、行业生产组织不规范等，易出现拖欠农民工工资

法律援助中心着重保障农民工的合法权益

问题。为确保农民工及时足额拿到工资，切实维护农民工劳动报酬权益，2023年9月21日，国务院办公厅印发修订后的《保障农民工工资支付工作考核办法》（以下简称《办法》）。考核内容主要包括加强对保障农民工工资支付工作的组织领导、完善落实工资支付保障制度、治理欠薪特别是工程建设领域欠薪工作成效等情况，主要有省级自查、实地核查、第三方评估、暗访抽查、综合评议等程序。《办法》的出台有利于落实保障农民工工资支付工作的属地监管责任，有效预防和解决拖欠农民工工资问题，切实保障农民工工资报酬权益，维护社会公平正义，促进社会和谐稳定。

自党的十八大以来，我国在保障弱势群体合法权益方面取得了令人瞩目的成果。各级政府在制定及执行扶持政策时，日益重视科学性与完善性，力求精准高效地实施政策，显著推动了弱势群体关爱服务工作的开展。2024年中央经济工作会议提出落实好产业、就业等帮扶政策，确保不发生规模性返贫致贫，保障困难群众基本生活，彰显了党和政府在保障民生方面的坚定决心和明确方向。为了持续维护社会公平正义，巩固国家脱贫攻坚成果，我们必须进一步加强对弱势群体合法权益的保障工作。

第一，通过宏观政策的引导与调控，确保弱势群体的基本权利得以落实，基础生活得到保障。这要求我们构建更加完善的社会保障制度与社会福利制度，以实现对社会弱势群体的有效帮扶。

第二，重视提升弱势群体的自我能力。应充分发掘并利用他们的优势，引导他们发挥自身潜能，通过提高技能水平、增强创收能力等方式，提高他们的生活水平。同时，促进弱势群体就业对于提高社会公平性、缩小贫富差距、推动实现全体人民共同富裕的现代化具有至关重要的意义。

第三，加强弱势群体的教育至关重要。需确保留守儿童能够顺利接受义务教育，为留守妇女提供合适的就业引导，并对残疾人进行技能培训等。这些措施有助于激发他们的学习潜能，进而提升其社会竞争力。

第四，持续优化社会环境同样重要。应以更加开放、包容的态度对待弱势群体，帮助他们重建自尊、自信，实现自立、自强。同时，应积极拓宽就业渠道，帮助更多弱势群体融入社会，与普通民众共同致力于社会建设，推动社会不断进步。

2019年底，北京致诚农民工法律援助与研究中心接手了一起案件。一位名叫邵新银的外卖骑手在送餐途中发生严重交通事故，身体多处骨折，被医院鉴定为"九级伤残"。邵新银想申请工伤待遇，但工伤待遇的前提是存在劳动关系，而他却未与公司签订过劳动合同。当时，邵新银在一审和二审中全部败诉。近年来，随着互联网技术的发展和普及出现了一批新型就业群体，如网约配送员、网约车驾驶员、互联网营销师等，他们往往就业灵活且工作不受局限，但是由于不同于传统意义上的用工形态和劳动关系，他们缺乏应有的劳动法律制度和社会保障制度保护。第九次全国职工队伍状况调查显示，全国新就业形态人员达8400万人。健全新型就业群体的社会保障制度关乎民生，是增进人民福祉、推动实现高质量发展的迫切需要。

当前，新型就业群体面临的社会保障问题主要体现在以下几方面：**一是**劳动关系认定难。在新型的灵活就业关系中，劳动合同的签订率低，或平台企业想方设法规避劳动关系，导致在处理新型就业群体保障工作的时候，无法从法律层面认定劳动关系。**二是**社会保障政策支撑不足。新就业形态劳动者缺少自主缴纳社会保险的意识和能力，养老保险配备不足，同时失业保险缺少有效的保障，面对失业保障问题，不能切实保护自己的合法权益。**三是**缺乏法律针对性保护。新就业形态劳动者的权益保护缺少实效性，在法律层面没有针对性的相应政策，法律保障内容不明确，难以适应数字经济时代灵活化、复杂化、多样化的用工形式。**四是**现行社会保险体系运转不灵活。目前，对于新型灵活就业人员的权益保

步履匆匆的外卖配送员

障还存在一些不合理、不到位的地方，相关机构的设置缺少科学性，全国范围内的保险体系运转并不灵活，导致新型就业群体在处理自我社会保障问题时选择性较少。

总结出现上述问题的主要原因，**一是**"互联网+"加剧了平台企业用工的虚拟化、小微化、非正规化，降低了劳动关系的稳定性，从而使得新的劳动关系难以按照传统的劳动关系形式受到保护。**二是**中国现有的劳动法律制度是以传统的劳动关系为基础设计的，在新型灵活就业领域尚有较大的空白，现行法律法规对新就业形态劳动者权益保护不足。**三是**现行社会保险制度模式传统且单一，还无法很好适应新就业形态劳动者社会保险权益保障的现实需求。新就业形态劳动者的社会保障缺位问题直接影响我国社会保障体系的设计与实施，也关系着我国劳动力市场的规范发展，解决新型就业群体的社会保障问题是当前社会关注的重点问题，也成为新时代新征程亟须解答的一道民生考题。

（一）加强新就业形态劳动者权益保障

社会保障是增进人民福祉的基本制度保障。习近平总书记高度重视加强新就业形态劳动者权益保障，从党的十八届五中全会首次提及"新就业形态"的概念，到党的二十大报告要求"加强灵活就业和新就业形态劳动者权益保障"，习近平总书记对新就业形态劳动者的关爱点滴可见，映照了总书记心系人民的笃定初心。

党的十八大以来，习近平总书记在优化新型就业群体劳动和社会保障工作方面作出了一系列重要部署。关于相关配套法律法规的完善，习近平总书记强调："要完善多渠道灵活就业的社会保障制度，维护好卡车司机、快递小哥、外卖配送员等的合法权益。"①"新冠肺炎疫情突如其来，'新就业形态'也是脱颖而出。要顺势而为。当然这个领域也存在法律法规一时跟不上的问题，当前最突出的就是'新就业形态'劳动者法律保障问题、保护好消费者合法权益问题等。要及时跟上研究，把法律短板及时补齐，在变化中不断完善。"②关于社保范围覆盖，习近平总书记指出："要健全灵活就业人员社保制度，扩大失业、工伤、生育保险的覆盖面，实现制度安排更加公平，覆盖范围更加广泛，为人民生活安康托底。"③"要健全农民工、灵活就业人员、新业态就业人员参加社会保险制度，健全退役军人保障制度，健全老年人关爱服务体系，完善帮扶残疾人、孤儿等社会福利制度。"④关于

---

① 《解放思想深化改革凝心聚力担当实干 建设新时代中国特色社会主义壮美广西》，《人民日报》2021年4月28日。
② 《习近平谈"新就业形态"：顺势而为、补齐短板》，新华社法人微博2020年5月23日。
③ 《把提高农业综合生产能力放在更加突出的位置 在推动社会保障事业高质量发展上持续用力》，《人民日报》2022年3月7日。
④ 《完善覆盖全民的社会保障体系 促进社会保障事业高质量发展可持续发展》，《人民日报》2021年2月28日。

合法权益的维护，习近平总书记强调："要适应新技术新业态新模式的迅猛发展，采取多种手段，维护好快递员、网约工、货车司机等就业群体的合法权益。"① "完善促进创业带动就业的保障制度，支持和规范发展新就业形态。健全劳动法律法规，完善劳动关系协商协调机制，完善劳动者权益保障制度，加强灵活就业和新就业形态劳动者权益保障。"

习近平总书记关于新型就业群体社会保障的相关重要论述，为我们完善新型就业群体社会保障制度、进一步推进国家整体社会保障事业、实现社会保障高质量可持续发展提供了科学的思想方法和工作方法，为进一步健全完善新形态劳动者社会保障体系提供了根本遵循。

（二）健全新就业形态劳动者社会保障体系

党的十八大以来，党和国家不断探索健全新型就业群体社会保障体系，拓展社保统筹范围，建立科学有效的社会保障制度，将灵活就业人员纳入参保范围，加强对新型灵活就业人员的权益保护。同时，全国各地及时研究制定新型就业群体权益保障的各项政策措施，补齐新就业形态劳动者权益保障短板，并在实践中

----

① 《习近平在全国劳动模范和先进工作者表彰大会上的讲话》，《人民日报》2020年11月25日。

不断完善，切实维护新型就业群体的社会保障权益。

1.拓展社会保障统筹范围。按照先统筹纳入后调整优化的原则，把重大职业伤害保险制度落实在社会保障制度中，医疗保险和养老保险全面放开，对灵活就业群体纳入社会保险范围的部分扩大缴费主体范围，降低费用缴纳的比例，针对新型就业群体的工伤和失业保险提供具体的纳入方式。北京市切实维护新就业形态劳动者合法权益，试点建立职业伤害保障制度，要求企业依法为平台单位就业员工参加社会保险，逐步完善灵活就业社会保险制度。稳定长期在京实际就业的平台网约劳动者和平台个人灵活就业人员可以按规定参加本市职工基本养老、基本医疗和失业保险，也可以选择在户籍地参加社会保险。以出行、外卖、即时配送、同城货运等行业的平台企业为重点，试点建立职业伤害保障制度，保障平台网约劳动者获得医疗救治和经济补偿。全面放开参保户籍限制，外省和省内跨地区流动的灵活就业人员均可根据自身情况参加企业职工基本养老保险。全面落实全民参保计划，通过信息比对，对不符合以单位身份参加企业职工基本养老保险的新就业形态劳动者，积极引导其以灵活就业人员身份参加企业职工基本养老保险或参加城乡居民基本养老保险，做到应保尽保。

2.打破区域壁垒，提升社会保险的可携带性。当前对于灵活就业者的社会保险补贴在各地政策有所不同，再加上我国户籍身份与劳动者可享有的社会福利密切相关，各地通过打破区域壁垒取消参保门槛的方式，促进更多的灵活就业者参保缴费。广东省全面拓宽新业态等灵活就业人员参保渠道，取消参保门槛，取消外省籍和本省跨市流动的灵活就业人员在就业地参加企业养老保险的参保年限等限制条件，为异地户籍灵活就业人员打开参保方便之门。与此同时，不同身份的灵活就业人员可按规定选择参保地。广东省省内户籍灵活就业人员可在户籍地或者省内就业地参保，广东省省外户籍灵活就业人员可在省内就业地参保，港澳台户籍灵活就业人员可在居住证所在地或广东省省内就业地参保，进一步提高了灵活就业人员参保的便利性。

3.强化企业承担依法合规用工的主体责任。企业作为工作岗位提供者，是风险管控的主要责任方，要承担起社会保险、社会福利、劳动保护等方面的责任，保护灵活就业者的合法权益。江苏省要求互联网平台企业与依托互联网平台实现就业的网约配送员、网约车驾驶员、货车司机、互联网营销师等劳动者依法订立劳动合同。对于不完全符合劳动关系情形但企业对新业态劳动者进行劳动过程管理的，企业应与劳动者协商订立书面用工协议，合理合规确定双方的权利义务。采取劳务派遣用工方式组织新业态劳动者完成平台工作的，要选择具备合法经营资质的劳务派遣企业，并对其保障劳动者权益情况进行监督。企业也可以依托江苏省人社一体化公共电子劳动合同服务平台在线签订电子劳动合同或用工协议。通过承担依法合规用工的主体责任，改善江苏省新业态劳动者劳动条件，推动劳动者共享互联网经济发展成果。

4.打造综合保障体系，切实维护劳动者权益。新就业形态的百花齐放亟须劳动者权益保障队伍支撑，消除社会保障限制，让灵活就业群体更安心。浙江省宁波市打造综合保障体系，一是让养老医疗有依靠，打破参保限制，在允许本市户籍灵活就业人员参加职工基本养老和医疗保险的基础上，首次将非本市户籍的灵活就业人员纳入保障范围。二是让职业损伤有保障，打破险种限制，允许新业态平台企业、建设施工企业为劳动者单险种参加工伤保险，推动开发灵活就业人员意外伤害保险等新商业保险产品，有效维护企业和从业人员双方权益，促进新业态规范发展和新业态领域劳动关系和谐稳定。三是让住房教育有覆盖，打破落户限制，将灵活就业人员及其配偶和未成年子女纳入租赁落户、居住就业落户等保障范围，为符合条件的灵活就业人员提供住房保障，切实维护灵活就业人员的权益保障。

全国总工会为新就业形态劳动者提供移动体检服务
（图源：视觉中国）

"为政之道，民生为本。"当前我国新型就业群体社会保障制度还不完善，但是相信经过未来一段时间党和国家的努力，新型就业群体的社会保障将越来越完善。这就需要做到：**一要**完善社会保障制度，在缴费的主体上牢牢把握住雇主责任制这个核心，在缴费途径上充分利用互联网的优势，加快推进网格化服务，在缴费比例上降低社会保险缴费比例，设立多层级缴费标准供参保者选择。**二要**提升社会保障统筹范围，构建社保多元主体参与的"三方机制"，本着先统筹纳入、后优化完善的原则，推行重大职业伤害保险制度。**三要**拓宽"互联网+"人社一体化平台的服务功能，通过信息化平台为新就业形态劳动者提供网络参保服务，同时创新政府监管方式，拓宽维权渠道。**四要**完善社会保障及相关劳动法律法规，从法律层面扩大社会保险覆盖范围，切实保障其劳动权益。**五要**广泛倾听以及采纳新型就业群体的声音和建议，建立集体协商体系，保证社会保障体系内的人员有机会、有渠道了解新型就业群体的想法，进而能针对性地出台相应的政策来保障其合法劳动权益。

2023 年 9 月 20 日，四川省凉山州举行新闻发布会，通报以"曲布""赵灵儿"为主要代表团队的"网红直播带货案"，这是凉山警方破获的全省首例"网红经济"乱象专案。该系列案件的成功侦办，有力维护了凉山特色农业产业品牌声誉，保护了"大凉山特色农产品"这块"金字招牌"。同时，督促短视频平台肩负起应尽的监管责任，规范了"网红经济"秩序，推动了网络空间依法治理。近年来，随着网络直播行业的兴起，各种虚假和低俗的内容层出不穷，严重影响着社会风气和网络环境。如何有效治理这些乱象，为人民群众营造风清气正的网络直播环境，已经成为社会各界关注的重要议题。

当前，网络直播领域存在的问题主要体现在：**一是**重要功能运行失范，部分平台设置庸俗媚俗频道，开设抽奖、竞猜、夺宝等活动，给低俗以及变相赌博等直播行径提供了机会。**二是**账号管理不规范，部分机构恶意制造"网红账号"，发布"打擦边球"、真假难辨等内容，部分劣迹网红"换马甲直播""跨平台注册""引流到站外"变相"复出"。**三是**打赏失度，部分网络主播通过语言刺激等各种违规行为求助粉丝刷礼物，以各种幌子哄骗未成年人打赏，对青少年身心造成危害，产生负面影响。**四是**违法违规经营，个别主播营销带货虚假宣传，或借助特定人群违规牟利，甚至借助他人、第三方企业等偷逃个人所得税。**五是**恶意营销，营造"卖惨"人设、逢热必蹭，甚至无中生有、编造谣言等，严重污染了网络空间，扰乱了社会风气。

总结网络直播领域问题存在的原因，**一是**网络平台管理不规范，平台、经纪公司监管不到位，对于短视频发布过于随意、内容把关不严，缺乏严格审核。**二是**入行门槛低，网络主播队伍参差不齐，部分网络主播综合素质低，难以传播正确的价值观。**三是**受直播行业巨大的利益吸引，部分主播唯牟利和流量是图，以低俗恶俗庸俗媚俗内容博取眼球，甚至游走在法律和道德边缘。**四是**新兴市场没有建立起完善的规则制度体系，行业发展迅猛，但监管体系尚不完善。**五是**我国网络直播的受众通常是三观尚不成熟的青少年，他们对于良莠不齐的直播内容分辨力不足，很容易受到低俗直播内容的侵害，产生负面社会影响。如何治理网络直播乱象，促使网络直播在法治轨道上更加健康发展，构建良性竞争的大环境，已成为近来社会关注的热点问题。

（一）营造风清气正的网络直播生态

互联网不是法外之地。针对网络发展乱象，习近平总书记指出，必须"加强互联网内容建设，建立网络综合治理体系，营造清朗的网络空间"①，为新时期进一步规范网络直播，引导我国直播行业走向健康发展新境界提供了根本指引。

党的十八大以来，以习近平同志为核心的党中央高度重视网络安全和信息化工作，就净化网络直播生态、确保网络直播在法治轨道上健康运行作出了一系列重要部署。在价值指向层面，习近平总书记指出："网络空间是亿万民众共同的精神家园。网络空间天朗气清、生态良好，符合人民利益。网络空间乌烟瘴气、生态恶化，不符合人民利益。"②"网信事业发展必须贯彻以人民为中心的发展思想，把增进人民福祉作为信息化发展的出发

---

① 《习近平关于网络强国论述摘编》，中央文献出版社2021年版，第135页。
② 《习近平著作选读》第一卷，人民出版社2023年版，第472页。

点和落脚点。"①在治理空间层面，习近平总书记强调，"要有高度的政治警惕性和政治鉴别力"②，"坚持发展和治理相统一、网上和网下相融合，加强网络伦理、网络文明建设，以时代新风塑造和净化网络空间，广泛汇聚向上向善力量"③，在齐抓共管的基础上避免"两张皮"，实现网上网下共清朗。在综合施策层面，习近平总书记指出，"必须科学认识网络传播规律，提高用网治网水平"④，"提高网络综合治理能力，形成党委领导、政府管理、企业履责、社会监督、网民自律等多主体参与，经济、法律、技术等多种手段相结合的综合治网格局"⑤。

这些重要论述为新时代营造风清气正的网络直播生态，加强网络文明建设提供了根本遵循。

（二）以依法治理强化网络直播行业监督管理

新时代以来，5G、大数据、物联网、人工智能、区块链等新一代信息技术的快速发展为我们技术治网提供了强有力的支

① 《习近平谈治国理政》第三卷，外文出版社2020年版，第307—308页。
② 《习近平关于网络强国论述摘编》，中央文献出版社2021年版，第56页。
③ 《习近平新时代中国特色社会主义思想学习纲要（2023年版）》，学习出版社、人民出版社2023年版，第206页。
④ 《习近平谈治国理政》第三卷，外文出版社2020年版，第311页。
⑤ 《习近平新时代中国特色社会主义思想学习纲要（2023年版）》，学习出版社、人民出版社2023年版，第206页。

撑。党的十八大以来，我国开展多次"清朗"专项行动，集中整治"色、丑、怪、假、俗、赌"等违法违规行为。全国各地高度重视，一方面加强组织领导，突出重点、狠抓工作落实；另一方面强化协作、有力有效配合，总结经验、建立长效机制，坚决打击各种违法违规行为，推动了行业的健康有序发展。

1.完善网络直播行业相关立法。网络直播行业作为新兴产业，亟须专门的法律予以规制，切实提升网络直播法治化的治理水平。浙江省杭州市针对电商直播中存在的虚假宣传、套路促销、流量造假等损害群众利益的乱象，以"点题式"监督助力整治网络直播营销乱象。推动出台《网络直播营销主体行政合规指导清单》《网络直播营销领域行政执法指南》等制度规定，并在全市范围内开展自查自纠。进一步压实该市市场监督管理局等职能部门对网络直播营销违法违规行为治理的主体责任，督促市网络直播营销违法行为专项治理工作专班持续排摸网络直播营销企业，动态掌握主体数据库，结合日常监督检查

2020年7月1日，《网络直播营销行为规范》实施。这是国内第一个出台的关于网络直播营销活动的专门规范，用以重点规范直播带货行业刷单、虚假宣传等情况（图源：视觉中国）

发现的问题，及时督促开展纠治工作，推动网络直播营销行为更趋规范。

2.加强网络直播行业监督管理。加强对于网络直播行业的监督可以有效打击网络直播中的违法犯罪行为，使网络直播行业在法治轨道上持续健康发展。四川省成都市市场监督管理局印发《网络直播和短视频营销规范指引》，明确网络直播营销主体和短视频营销主体的范围，要求营销平台依法依规履行许可、备案手续，配备与服务规模相适应的营销内容管理专业人员，具备维护营销内容安全的技术能力，加强网络营销生态管理。要求营销的商品不得伪造冒用，不得掺杂掺假、以假充真、以次充好，营销活动不得谎称"秒杀""秒光"虚构库存数据，不得以删除、屏蔽相关不利评价等方式欺骗、误导消费者。

3.明确网络直播平台责任义务。网络直播平台应当自觉承担其内容规范的主体责任，完善管理制度和审核技术，对于违法违规的直播间和主播一律封禁，断绝不良内容的源头。广东省深圳市要求各网络直播营销平台依法依规切实履行好备案许可手续、制定公开网络直播营销管理规则（公约）、健全未成年人保护机制、履行真实身份信息认证与申报、开展信息发布审核和实时巡查、制止涉嫌违法违规直播营销行为、健全完善网络投诉举报机制、提示直播间运营者依法办理市场主体登记或税务登记等义务，切实引导平台内经营者"亮照、亮证、亮规则"，积极配合监管部门依法查处相关违法违规行为，共同引导平台内经营者增强守法经营意识。

4.提高网络直播行业人员素养。作为新兴产业，网络直播准入门槛低，容易造成鱼龙混杂、人员素质良莠不齐的问题。因此，有必要适当提高网络直播从业者的从业门槛，从根本上提高整个网络直播行业从业者的法治素养，避免他们为了经济利益铤而走险、违法犯罪，造成不良社会影响。北京某公司对旗下MCN（Multi-Channel Network，指多频道互联网络）公司和主播进行政策宣贯和培训，定期给签约主播进行平台管理规范和直播内容导向的培训引导，建立健全公司对主播的约束机制和对于良好表现的激励机制，强化其法治素养和社会责任感，在提升网络主播和经纪机构培训建设的同时促进行业规范、健康和可持续的良性发展。

5.培育观众文明自觉的上网意识。说到底，主播的毫无底线和平台的姑息纵容为的是吸引观众的注意力，获取流量，最终实现流量的变现。因此，观众在选择直播间时要注意甄别，自觉抵制不良诱惑。针对未成年人，上海市公安机关指导网络直播平台开设"青少年模式"，并对该模式下的时间管理、权限管理、消费管理等功能开展全天候监督，推动互联网企业切实提升主体责任，严格落实《中华人民共和国未成年人保护法》。同时，未成年观众还应当培育自身的网络文明意识，加强网络道德观念，自觉抵制网络直播中的不良诱惑，遵守网络礼仪，学会独立思考，健康上网，让互联网成为自己的良师益友。

新时代互联网发展进入"红利期"，网络直播乱象虽然得到了一定程度的治理，但是要打造风清气正的网络直播环境还有很长一段路要走。**在政府层面**，要进一步完善法律法规，加大法律监管，形成一套具有针对性的管理监管制度和惩戒制度，全链条、全领域、全方位打击网络直播违法犯罪行为，对全网形成震慑力。**在直播平台层面**，要承担起自身社会责任，合理规划直播分类与比例，及时封禁不符合社会主义核心价值观以及存在传播淫秽色情、进行虚假广告宣传和侵犯个人隐私等违法行为的直播间，使正能量、主流价值观成为网络直播间的主旋律。**在网络主播个人层面**，要树立正确的价值观，严格遵守法律法规和道德底线，做到守法直播、文明直播、理性直播，积极弘扬正能量，唱响网络空间良性发展主旋律。**在网民层面**，要加强网络自制力，提高网络道德素质，增强对于软色情、低俗表演、语言暴力等的识别能力，不给不良信息流量、不给乱象主播"捧场"。合力形成以政府严管、法律严惩、平台严查、主播自律、人民监督为一体的监管与治理机制，不断铲除直播乱象的生成土壤，促使网络直播生态底色更加清澈牢靠。

十六　整治网络暴力，守护好网络精神家园

2023年2月，云南玉溪的汤某某和何某因琐事多次发生冲突，未能协商解决。后双方矛盾日益激化，于同年6月在多个网络平台发布视频泄愤，相互谩骂。随着"骂战"升级，二人开始捏造对方不实信息，引发大量网民围观，跟进评论、嘲讽、谩骂，造成不良社会影响。公安机关依法对汤某某、何某处以行政拘留五日的处罚，并责令删除相关违法视频。近年来，随着互联网的迅速普及以及上网人数的增多，网络暴力现象时有发生，不仅给当事人造成心理与精神伤害，且不利于良性的社会舆论的形成，危害社会的和谐与稳定。

具体而言，网络暴力主要体现在以下几个方面：**一是**辱骂攻击。部分网民穿着道德标准的外套，对事件当事人进行攻击与谩骂，形成强大的舆论场所，给当事人带来了巨大的身心伤害。**二是**"人肉"搜索。通过网络上公开的信息对受害者进行详细的调查，公布其个人信息和隐私，并引发群体性道德审判，给受害者带来了巨大的压力。**三是**侮辱诽谤。施暴者通过互联网发帖带节奏羞辱他人或捏造事实损害他人名誉等违法行为，引发众多不明真相的网民进行攻击性评论、恶意评价，扩大负面影响。**四是**与歧视相关的网络暴力。通过制造地域歧视、性别冲突，甚至发表仇恨性言论引发骂战，使得网络暴力从对个人的侮辱谩骂与精神伤害，扩大为挑动群体冲突、族群矛盾，扰乱社会秩序，影响和谐社会的构建。

网络暴力产生的根源主要有以下几点：**一是**网络的匿名性和虚拟性特征弱化了网民的责任意识和法律意识，部分网民在匿名的"马甲"下，表达往往更为大胆，甚至从摆脱线下伦理的规范束缚中获得快感。**二是**网民的自我道德素养和法律意识低，一些未成年网民在虚拟的互联网中缺乏对事物的判断能力，情感因素和认知水平尚不成熟，其网络行为表现为盲从、扭曲，过度"英雄主义"，不能预见自身行为带来的后果。**三是**"法不责众"的群体效应以及受害者"息事宁人"的消极态度助长了施暴者的嚣张气焰。**四是**社会化传播过程中平台把关和责任缺失，监管力度不足，经平台发布一些未经核实的内容，间接造成信息的疯狂传播，进一步导致网络暴力的发生。**五是**关于网络暴力立法规定滞后模糊、执法取证溯源困难、司法程序不当限制等，导致在防范和处置网络暴力舆情方面受到限制和约束。

（一）让正能量始终充盈网络空间

网络暴力已经成为当代较为严重的社会问题之一。习近平总书记对此作出了明确指示："网络空间天朗气清、生态良好，符合人民利益。网络空间乌烟瘴气、生态恶化，不符合人民利益。"[①]要守护好人民群众的网络精神家园，让正能量始终充盈网络空间。

党的十八大以来，习近平总书记对于净化网络生态环境、整治网络暴力作出了一系列重要部署。关于网络暴力立法滞后问题，习近平总书记指出："要把依法治网作为基础性手段，继续加快制定完善互联网领域法律法规，推动依法管网、依法办网、依法上网，确保互联网在法治轨道上健康运行。"[②]关于监管不

---

① 《习近平著作选读》第一卷，人民出版社2023年版，第472页。
② 《中国共产党百年法治大事记（1921年7月—2021年7月）》，人民出版社、法律出版社2022年版，第297页。

足问题，习近平总书记指出："没有规矩不成方圆。无论什么形式的媒体，无论网上还是网下，无论大屏还是小屏，都没有法外之地、舆论飞地。主管部门要履行好监管责任，依法加强新兴媒体管理，使我们的网络空间更加清朗。"①关于平台责任缺失问题，习近平总书记指出："要旗帜鲜明坚持正确的政治方向、舆论导向、价值取向。在信息生产领域，也要进行供给侧结构性改革，通过理念、内容、形式、方法、手段等创新，使正面宣传质量和水平有一个明显提高。"②关于言论自由问题，习近平总书记指出："网络空间与现实社会一样，既要提倡自由，也要遵守秩序。自由是秩序的目的，秩序是自由的保障。"③"要有高度的政治警惕性和政治鉴别力，线上线下要密切联动，不能云里来、雾里去，决不能任由这些人造谣生事、煽风点火、浑水摸鱼。"④要充分尊重他人交流思想、表达意愿的权利，也要推动构建良好的网络秩序，更好地维护自身及他人的合法权益。

这些重要论述为新时期更好地治理网络暴力、加强网络文明建设，实现文明办网、文明用网、文明治网，营造好风清气正、安全有序、积极健康的网络生态环境提供了根本遵循。

---

① 《习近平关于网络强国论述摘编》，中央文献出版社2021年版，第83页。
② 《习近平关于网络强国论述摘编》，中央文献出版社2021年版，第83页。
③ 《习近平关于网络强国论述摘编》，中央文献出版社2021年版，第66页。
④ 《习近平关于网络强国论述摘编》，中央文献出版社2021年版，第56页。

（二）构建全方位、全过程、深层次的网络暴力治理体系

党的十八大以来，面对互联网这个"最大变量"，以习近平同志为核心的党中央把握大势、举旗定向，作出加强网络文明建设、发展积极健康的网络文化的重要部署，引领网络文明建设从开局破题、全面铺开到纵深推进，为新时代弘扬时代新风、建设网络文明提供了科学指引。同时，全国各地积极探索治理网络暴力的新路子，在网络暴力信息监测预警、网络暴力信息处理、保护机制建设等方面皆取得了一定成果，确保了互联网在法治轨道上健康运行。

1.建立健全网暴预警预防机制。信息预警机制对于网络暴力发展初期的预防具有较大意义。北京市针对未成年网络暴力问题，设立紧急防护功能，对向未成年人提供算法推荐服务作出规定，提出向未成年人提供算法推荐服务的，应当便利未成年人获取有益身心健康的信息，不得推送可能引发未成年人模仿不安全行为和违反社会公德行为、诱导不良嗜好等影响未成年人身心健康的信息。强调增强网信部门和相关部门的网络保护职责以及学校和监护人的保护义务，为未成年人提供安全的网络环境。

2.强化政府网络暴力治理监管职能。政府部门在网络暴力治

理中承担依法管网治网的监管责任。河南省互联网违法和不良信息举报中心成立专项工作组，开设"涉网络暴力有害信息举报专区"，广泛受理社会群众举报，就有关热点事件、网络话题开展全网巡查，依法举报处置违法违规信息，有力维护广大网民合法权益，营造文明健康的网络环境。同时，针对网络暴力线索，核查后集中向有关网站平台投诉举报。有关网站平台按照《中华人民共和国网络安全法》《网络信息内容生态治理规定》以及其他相关的法律、部门规章和规范性文件，及时受理投诉举报，并对网络暴力信息采取消除处置措施。此外，对参与网络暴力的账号分别采取永久禁言、限制推荐、警示教育等相应措施。

3.落实平台网络暴力治理权责。平台企业在网络暴力治理中承担信息内容管理的主体责任。浙江省通过优化"省级统建、三级通用"的浙里网络综合执法应用，打造"浙里心安""清朗网络智治"等平台，解决网络主体"底数难摸清、服务难分类、账号难掌握"等难题，从源头形成防止网络暴力的保障机制。此外，浙江省强化对网络社区板块、网络群组的监管，规范网民网络行为和信息发布，开设"浙江好网民"账号矩阵，全面开展"阳光跟评"行动，确保治理工作取得实效。

4.严禁媒体借网暴恶意营销炒作等行为。无底线的拉流量追获利益是网络暴力最主要的推动力。内蒙古自治区针对首发、多发、煽动发布网暴信息的账号，依法依规采取关闭账号等措施，情节特别严重的，全网禁止注册新账号。同时，坚决打击借网暴事件蹭炒热度、推广引流、故意带偏节奏或者跨平台搬运拼接虚假信息等恶意营销炒作的行为，进一步排查背后MCN机构，对MCN机构采取警示沟通、暂停商业收益、限制提供服务、入驻清退等连带处置措施。对于将账号名称临时修改为事件相关机构、人员的，加强用户真实身份核验，切实避免网络暴力的发生。

5.提高网民网络行为素养以及应对网暴能力。网民是网络舆论的主体，也是网络暴力治理不可或缺的参与力量，最终又将是清朗网络空间、良好网络生态最大的受益者。2023年7月，中国网络文明大会在福建省厦门市召开。大会倡导网民要自觉坚守法律法规底线、社会主义制度底线、国家利益底线、公民合法权益底线、社会公共秩序底线、道德风尚底线及信息真实性底线等七条底线，自觉抵制不文明网络行为，与人为善拒网暴、守好底线不欺凌，争做"绿色上网"的文明人。

整治网络暴力是一场刻不容缓的行动。如何避免网络暴力的发生，构建起良好的网络生态，营造风清气正的网络空间，是汇聚推动网络文明高质量发展的必答之题。**一要**完善网络舆情监测和舆论引导机制，运用大数据、云计算等先进技术加强对网络舆情的实时跟踪与分析，从而及早发现苗头性、倾向性或群体性的社会热点问题，从根源上进行治理。二**要**完善法律法规立法体系，健全网络暴力整治机制。从立法司法执法多层面出击，制定具有针对性的规章制

"e清朗"网络综合治理数智应用集正能量传播、舆情处置、舆论引导于一体，助力清朗网络空间建设

度、管理体系来适应多环节多层次的管理模式，精准打击网络诽谤、网络侮辱、侵犯公民个人信息等网络暴力行为，让不法分子付出更为沉重的成本。三**要**提升媒体平台的网络媒介素养，正确引导舆论走向。平台要强化主体意识，对热点事件进行正确价值观引导，减少事件带来的对立情绪，形成正确的舆论导向，引导网民理性看待问题。**四要**加强网民道德培养，提升网民网络素养。充分发挥网络媒体超时空性的优势，开展线上道德教育，注重网民道德责任感培养、荣辱观培育与文明交往方式的养成，从而增强网民的道德认知，提升网民的理性能力。

2023年9月，宁夏回族自治区银川市西夏区的董女士接到一个陌生电话，对方准确报出董女士的相关个人信息，并声称自己是银保监会工作人员，可以为董女士调低贷款利率。获得信任后，"工作人员"诱导董女士点击虚假链接，下载相关社交通信软件，开启语音对话或屏幕共享功能，让其向指定账户转账，谎称完成操作即可将资金返还。董女士信以为真，按其要求操作，被骗数万元。随着数字化网络化的不断发展，电信网络诈骗犯罪已经成为发案最多、上升最快、涉及面最广、群众反映最强烈的犯罪类型，严重威胁了人民群众的生命财产安全以及社会的和谐稳定。

当前，电信网络诈骗的主要形式有以下几种：**一是**刷单返利。诈骗分子通过电话、短信、网络社交平台等渠道发布虚假广告信息，打着"赠送福利""招聘兼职"等幌子，吸引受害人"上钩"。**二是**虚假投资理财。诈骗分子依靠各类社交和视频软件寻找受害人并建立联系或发布股票外汇等投资理财信息寻找目标人群，以及通过婚恋交友平台确定婚恋关系骗取信任等，诱导受害人到第三方投资平台进行投资，进一步实施诈骗。**三是**冒充公检法。诈骗分子往往会自称某市公安局"民警"，声称需要进行"资金核查"，要求受害人把卡内的资金转到指定的所谓"安全账户"，或者要求受害人开启"屏幕共享"，骗取受害人的银行卡密码、验证码等信息后，将该张银行卡的存款全部转走。**四是**冒充熟人。诈骗分子冒用受害人身份向受害人的亲属、朋友等有针对性地编造"代买机票""交学费""代充话费""募捐""遇事故需救治或赔偿""病重需手术""帮接收退款"等虚假事由，从而骗取钱财。

总结电信网络诈骗难以防范的主要原因，**一是**诈骗手段多样。诈骗集团利用区块链、元宇宙、虚拟货币、AI智能技术等新技术新业态，不断更新犯罪工具，增加了识别电信网络诈骗的难度。**二是**诈骗成本低收益高。犯罪分子利用网络等途径编造各类用于诈骗他人的财物电子信息，在制作和传播方式上比较便捷，而且一旦得手，所得的利益往往远远超过传统的盗窃抢劫等犯罪行为。**三是**辐射区域广泛。由于网络的普及，较传统诈骗而言，受害人数量大幅增加，分布地域更广泛。任何年龄、性别、职业、地域的人都有可能成为电信网络诈骗的受害者。**四是**隐蔽性强取证难度大。诈骗分子通过在网络上建立假网站、发送欺诈短信、在社交网络上向受害人发送虚假投资信息等，使人们在不经意间就深陷其中。而这些诈骗手段都是通过电信网络传播，使得警方和受害者很难及时发现。**五是**受害者个人信息保护意识淡薄，防范电信网络诈骗的警惕性不高，抵制诱惑能力差，在客观上为电信网络诈骗提供了机会。

（一）严密防范新型网络犯罪

依法打击治理电信网络诈骗犯罪，事关人民切身利益，事关社会大局稳定，事关经济金融安全。党的十八大以来，习近平总书记对打击治理电信网络诈骗犯罪工作作出了系列部署。在整体性层面，习近平总书记强调："要坚持以人民为中心，统筹发展和安全，强化系统观念、法治思维，注重源头治理、综合治理，坚持齐抓共管、群防群治，全面落实打防管控各项措施和金融、通信、互联网等行业监管主体责任，加强法律制度建设，加强社会宣传教育防范，推进国际执法合作，坚决遏制此类犯罪多发高发态势，为建设更高水平的平安中国、法治中国作出新的更大的贡献。"[1]在政府层面，习近平总书记指出，"要加快网络立法进程，完善依法监管措施，化解网络风险"[2]，"要依法严厉打击网络黑客、电信网络诈骗、侵犯公民个人隐私等违法犯罪行为，切断网络犯罪利益链条，持续形成高压态势，维护人民群众合法权益。要深入开展网络安全知识技能宣传普及，提高广大人民群众网络安全意识和防护技能"[3]。在网民层面，习近平主席指出："网络空间不是'法外之地'。网络空间是虚拟的，但运用网络空间的主体是现实的，大家都应该遵守法律，明确各方权利义务。要坚持依法治网、依法办网、依法上网，让互联网在法治轨道上健康运行。"[4]

这些重要论述指明了遏制电信网络诈骗违法犯罪多发高发态势的根本途径，为未来进一步提升党的社会治理能力，为人民群

---

① 《习近平对打击治理电信网络诈骗犯罪工作作出重要指示强调 坚持以人民为中心 全面落实打防管控措施 坚决遏制电信网络诈骗犯罪多发高发态势 李克强作出批示》，《人民日报》2021年4月10日。
② 习近平：《在网络安全和信息化工作座谈会上的讲话》，《人民日报》2016年4月26日。
③ 习近平：《敏锐抓住信息化发展历史机遇 自主创新推进网络强国建设》，《人民日报》2018年4月22日。
④ 习近平：《在第二届世界互联网大会开幕式上的讲话》，《人民日报》2015年12月17日。

众在新时期获得更加充实、更有保障、更可持续的获得感、幸福感和安全感提供了切实保障。

（二）筑牢预防诈骗"防火墙"

党的十八大以来，党和国家统筹力量资源、协同联动，始终保持对电信网络诈骗犯罪的严打高压态势，深入开展"云剑""断卡""拔钉"等专项行动，全国各地不断总结积累经验，构建了党委领导、政府主导、部门主责、行业监管、有关方面齐抓共管、社会各界广泛参与的工作格局，有效遏制了网络电信诈骗发生率的快速上升势头，全力维护了人民群众的合法权益，打击网络电信诈骗犯罪取得初步成效。

1.建立健全反电信网络诈骗工作机制。建立健全反诈骗预警机制是防范电信网络诈骗的重要手段。为确保反诈劝阻"跑在骗子前面"，实现精准、快速、有效预警，最大限度地降发案、减损失，江苏省盐城市开发区公安局依托反诈中心工作平台，坚持"7×24小时"工作机制，一旦发现涉诈线索或警情，相关单位线上线下无缝对接、秒级响应，上门劝阻，全力抓好快速冻结止付工作，极大地减少了群众的损失。同时，加强与金融银行部门的联系，建立健全警企联动防骗制度，建立警银联动群，对异常开户人员和被封控用户及时核实，推动落实金融网点"LED滚动提醒、ATM机操作提醒、储户短信提醒、大堂经理安全提醒"，守好防范电信网络诈骗关键卡口，切实提高诈骗汇款发现率、拦截率。

2.依法落实相关平台的网络安全责任。平台对于电信网络诈骗的防范和阻断作用更多体现在事前预防、事中提醒过程中。上海反诈中心利

上海市开展"全民反诈在行动"集中宣传月活动（图源：上海市公安局网站）

用新媒体平台，进行"反诈大作战"。通过构建"事前拦截、事中打击、事后追溯"全链条治理策略，在早识别、早干预、早切断中斩断了不法分子的流量获取路径，取得卓有成效的效果。同时，成立反欺诈治理专项小组，并借助机器与人工的力量，通过负向内容治理和正向内容科普引导两方面动作，围绕"全民反诈"主题，以站内信息提醒等形式，重点加强对用户的风险提醒，打通全民反诈"最后一米"，构建起多主体协同联动的"防火墙"。

3.加快形成各部门联合协作反诈骗格局。协同治理是打击网络电信诈骗违法犯罪的根本手段。广西壮族自治区柳州市各城区政府牵头，与金融、通信等部门深化合作，研发技术反制系统，

以高科技手段破解防范难题。坚持技管结合，持续提升技术防范能力，久久为功，推进多场景反诈宣传活动，诈骗网站智能拦截识别系统，智能识别拦截虚假App、涉诈网址、境外来电。通过电话、上门等多种方式进行劝阻，对作案手机号、App、网站及微信等聊天转账工具实施封停。与此同时，坚持"大水漫灌"与"精准滴灌"相结合的宣传模式，全力营造浓厚的"全民反诈"氛围，着力构建全面、多元、精准、及时、高效的"全警反诈、全民反诈"宣防体系。

4.积极开展反电信网络诈骗的宣传教育。广泛的宣传是增强广大网民安全防范意识的重要途径。为了切实防范网络电信诈骗，2023年以来，江苏省徐州市公安局鼓楼分局联合区检察院、区法院，先后六次在商圈、广场开设普法防诈小讲堂，积极协调辖区内各单位LED显示屏在人流密集时间段"地毯式""沉浸式""立体式"播放反诈宣传视频。同时，打造"无诈商圈"亮点品牌，创建"中心商圈安全防范"微信群，点对点式推送反诈宣传内容，拧紧压实"单位负责人、工作人员、顾客"反诈责任链条，以一系列

徐州市公安局举办反诈游园会，提升群众防骗意识（图源：徐州市公安局网站）

扎实有效的举措，构筑起一道立体化、全覆盖的防诈屏障，推进打击预防电信网络诈骗违法犯罪工作走深走实。

　　电信网络诈骗犯罪不是简单的社会治安问题，而是复杂的社会治理难题。当前，我国虽然在遏制电信网络诈骗犯罪案件快速上升态势上卓有成效，但形势依然严峻复杂。**一要**坚持系统治理。紧紧围绕严打、防范、治理三个关键环节，坚持以破案、抓人、挽损、追刑为目标，针对网络电信诈骗及其引发的网络赌博、网络洗钱等黑灰产业进行系统性、全面性打击，构建形成全链条的打击体系。**二要**坚持依法治理。明确电信网络诈骗犯罪惩治的刑法依据，厘清"电信网络诈骗罪"与其他诈骗罪的想象竞合，弥补立法不足。严厉打击侵害公民个人信息的行为，对侵害公民个人信息的行为以及因该行为引起的其他犯罪进行严格规制，形成立法执法司法三管齐下、柔性宣传与刚性行动相结合的治理局面。**三要**坚持综合治理。打击治理电信网络诈骗犯罪工作涉及政府、企业、社会、群众等方方面面，必须聚焦人、卡、账户等涉诈重点要素，强化部门协同，构建完善职责清晰、协同联动、衔接紧密、运转高效的打击治理机制，形成跨行业、跨地域协同治理、交互共赢的生态圈，奋力推动综合治理提质增效。**四要**坚持源头治理。一方面，全力打击整治涉案"两卡"，严

格落实涉诈重点人员"双管双控"、落地管控，将网络电信诈骗犯罪扼杀在"摇篮"里。另一方面，加强防范电信网络诈骗知识宣传，引导公民树立基本的防诈意识，掌握基础性防诈技巧，提升自身防骗能力。

十八 治理农村人居环境，建设好生态宜居的美丽乡村

在2024年中央生态环保督察组向云南省丽江市交办的群众举报件中，有一项案件反映古城区束河街道束河派出所河段、街尾新村河段等存在污水直排的问题。经过严格的环境整改工作，该案件已阶段性办结。但这也从侧面反映出我国农村人居环境总体水平还不高，与群众期盼还有差距，仍然是经济社会发展的突出短板。

当前，农村人居环境所呈现的问题集中表现在以下方面：一是垃圾处理不到位。除了村民存在乱丢垃圾的不良习惯外，还有很

多村庄仍然采用传统的焚烧、填埋等垃圾处理方式，严重影响了农村环境卫生。二是厕所改造不彻底。有些农村厕所建设未综合考虑厕所的环保和废物的资源化处理和利用等，或是在规划建设时没有预留或规划统一的排污设施，导致农村改厕出现有钱没地改、想改没地改的尴尬局面。三是道路硬化不到位。一些农村的公路早已出现"超期服役"情况，路面坑洼不平，泥土裸露在外，尤其是下过雨之后变成"泥巴路"，给老百姓出行带来诸多不便。

虽然我国农村人居环境治理在新时代已经取得了显著的成效，但目前农村人居环境总体水平仍然不高，难以满足农民对美好生活的期盼，总结其原因，一是建设资金和管护资金缺口较大。受制于当地经济发展水平，大部分县域政府的经济财力偏弱，对基础设施建设投入力度不足，难以满足农村村民现阶段的实际需求。二是村民对人居环境治理缺乏科学认知。受文化水平不高和环境教育普及不足所限，许多村民对人居环境如何治理，以及自己在人居环境治理过程中扮演什么角色等问题不甚了解。整体来看，村民尚未形成主动建设、主动维护的责任意识和行动自觉。三是缺乏持久长效的协调和监督机制。农村环境治理是一项长期性、艰巨性、复杂性的工作，但大多数的乡村环境治理工作缺乏长效机制，相关管理不到位。要使农村真正实现"望得见山、看得见水、记得住乡愁"，还需要今后在各个方面下大功夫。

（一）建设好生态宜居的美丽乡村

农村人居环境整治，事关广大农民根本福祉，事关农民群众健康，事关美丽中国建设。习近平总书记强调："建设好生态宜居的美丽乡村，让广大农民在乡村振兴中有更多获得感、幸福感。"[①]这是以习近平同志为核心的党中央从战略和全局高度作出的重大决策部署，是对农村村民美好环境需求的积极回应，是全面实现乡村振兴战略的有效举措。

扎实推进农村人居环境整治工作，美丽乡村增"颜"提"质"（图源：视觉中国）

---

① 《论"三农"工作》，中央文献出版社2022年版，第271页。

　　为了以高品质生态环境支撑高质量发展，党的十八大以来，以习近平同志为核心的党中央将经济发展和人民生活水平提高有机统一，以更高站位、更宽视野、更大力度谋划和推进城乡人居环境整治。在保护村容村貌方面，习近平总书记强调："注意乡土味道，体现农村特点，保留乡村风貌，不能照搬照抄城镇建设那一套，搞得城市不像城市、农村不像农村。"①在推进农村"厕所革命"方面，习近平总书记指出："要因地制宜做好厕所下水道管网建设和农村污水处理，不断提高农民生活质量。"②在改善农村基础设施方面，习近平总书记指出："既要把农村公路建好，更要管好、护好、运营好，为广大农民致富奔小康、为加快推进农业农村现代化提供更好保障。"③"要把公共基础设施建设的重点放在农村。"④"重点抓好农村交通运输、农田水利、农村饮水、乡村物流、宽带网络等基础设施建设。"⑤在农村垃圾分类方面，习近平总书记指出："实行垃圾分类，关系广大人民群众生活环境，关系节约使用资源，也是社会文明水平的一个重要体现。"⑥在处理农业废弃物方面，习近平总书记指出："加快推进畜禽养

---

① 《十八大以来重要文献选编》（上），中央文献出版社2014年版，第683页。
② 习近平：《主动把握和积极适应经济发展新常态 推动改革开放和现代化建设迈上新台阶》，《人民日报》2014年12月15日。
③ 《习近平对"四好农村路"建设作出重要指示》，《人民日报》2017年12月26日。
④ 《论"三农"工作》，中央文献出版社2022年版，第243页。
⑤ 《论"三农"工作》，中央文献出版社2022年版，第294页。
⑥ 习近平：《培养垃圾分类的好习惯 为改善生活环境作努力 为绿色发展可持续发展作贡献》，《人民日报》2019年6月4日。

殖废弃物处理和资源化。"①在农村可持续发展方面，习近平总书记指出："希望乡亲们坚定走可持续发展之路，在保护好生态前提下，积极发展多种经营，把生态效益更好转化为经济效益、社会效益。"②

这些重要论述遵循乡村自身发展规律，深刻回答了为什么要建设美丽乡村、怎么建设美丽乡村等一系列重大理论和实践问题，为做好改善农村人居环境工作提供了根本遵循和行动指南。

（二）持续开展农村人居环境整治行动

农村人居环境整治事关我国乡村振兴战略的实施，事关农村村民的美好幸福生活。党和国家高度重视农村人居环境整治，"十四五"时期，将实施农村人居环境整治由"三年行动"提升至"五年行动"，集中力量加快补齐农村人居环境短板。同时，全国各地立足实际，多措并举提升农村人居环境质量，以农村生活垃圾处理、厕所粪污治理、提升村容村貌、开展生态农业等为主攻方向，大力推动农村人居环境从基本达标迈向提质升级。

---

① 习近平：《从解决好人民群众普遍关心的突出问题入手　推进全面小康社会建设》，《人民日报》2016年12月22日。
② 《习近平在浙江考察时强调：统筹推进疫情防控和经济社会发展工作　奋力实现今年经济社会发展目标任务》，《人民日报》2020年4月2日。

垃圾分类扮靓秀美乡村

1.抓紧抓实办好垃圾分类工作。基于美丽乡村建设的"路线图",浙江省衢州市龙游县从治理农村环境"脏乱差"、村庄布局"杂乱散"入手,按照布局优化、道路硬化、四旁绿化、路灯亮化、河道净化、环境美化的要求开展农村环境整治工作,并在全省率先实施农村垃圾分类工作,创造了以大街乡贺田村为代表的农村垃圾分类处理的"贺田模式"。其核心是"源头分类可追溯、减量处理再利用",村里给每个农户的垃圾袋独立编码,黄色袋代表着可回收,黑色袋代表着不可回收,要求农户定点定时投放。如今,该村因村容整洁、生活富裕、乡风文明等被评为国家级生态村和全国文明村。

2.坚持不懈推进"厕所革命"。农村"厕所革命"是一项基础工程、文明工程、民生工程,也是乡村振兴、人居环境整治的重要内容。为努力补齐这块影响群众生活品质的短板,自2018年起,湖南省衡阳市实施农村人居环境整治三年行动,将改厕工作与脱贫攻坚、乡村振兴一同部署、统筹推进。2019年5月,衡阳市衡阳县启动新一轮改厕行动,将全县范围内农村旱厕和未实现粪污无害化处理的简易水冲式户用厕所全部纳入建设范围。在厕改施工的质量方面，衡阳县参照相关标准将农村改厕过程分解为七个阶段，并逐一建立标准化操作规范，形成全过程质量控制体系，改造项目的每个环节都有专门的人员进行严格作业监督。此外，衡阳县探索将农村人居环境整治纳入"积分银行"管理模式，对主动报名改厕、定期清掏维护和参与公厕管护的村民给予加分，村民还可用相应的积分兑换奖品，极大地激发了当地村民参加改厕的积极性和主动性。

3.道路硬化不忘保树护绿。乡村振兴，道路先行。农村道路的硬化和绿化是相辅相成的关系。作为一项惠民工程，在落实农村道路硬化的同时，不能制造出绿化不足的新问题。在推进乡村道路建设的同时，应该兼顾生态环境建设，搞好规划设计、统筹安排，尽量保护树木，做好绿化。地处革命老区大别山南麓的湖北省罗田县因交通不便等因素制约成为国家级贫困县。近年来，罗田县驰而不息地开展农村公路建设，补齐交通基础设施短板，形成了以2条高速成网、2条国道成环、7条省道互通的立体交通体系。建设农村公路2936.199公里，改造危桥84座1981.1延米，完成农村公路"455"安防工程1115.76公里，将农村公路这一根根"毛细血管"融在了干线路网的"大动脉"里。一路通则百业旺，道路的畅通也将绿水青山与金山银山更好地串联起来，游客纷至沓来。当地久负盛名的甜柿、板栗等特色产品也走出了大山，一幅因路而富、因路而美的脱贫致富奔小康画卷徐徐展开。

4.大力发展生态农业。生态农业是指在保护以及改善农村农业生态环境的情况下，遵循生态经济学规律，运用系统工程和现代科学技术，集约化构建农业发展模式。近年来，贵州省铜仁市万山区敖寨乡坚持生态优先、绿色发展，依托当地生态资源，将种植业、畜牧业、渔业等与加工业有机联系，大力发展生态循环农业。为了将农业废弃物"变废为宝"，当地积极探索菌渣还田技术，将菌渣变为有机肥，让"废渣"变成增产增收的"金粒"。这种模式既能最大化利用土地，还能减少污染，促进农业资源循环利用。此外，当地建立了农业废弃物资源化利用示范中心，将畜牧养殖中产生的牲粪进行资源化利用，加工成有机肥销售到周边省、市蔬菜大棚、经果林，真正实现了经济效益、生态效益和谐统一。

面向未来，我国农村人居环境整治工作任重道远，"五年行动"将采取更有力的措施、更有针对性的安排、更加规范的方式，完善政策举措、健全体制机制，推动农村人居环境从基本达标迈向提质升级。**一要**健全组织领导机制。根据中央要求，地方各级党委政府一把手要切实把实施乡村振兴战略、改善农村人居环境摆在优先位置，坚持城市农村一起抓，把农业农村优先发展的要求落到实处。**二要**加强农村人居环境整治技术体系建设及设施设备研发。尤其要针对当前农村主要的"痛点"，以及农业废弃物资源化利用等突出问题强化技术支撑，加快高效节能的设备研发，并在政策、资金等方面加大对乡村两级农村人居环境整治设立专项项目的扶持。**三要**推进"互联网+"农村人居环境整治。各地还应依照《数字农村发展规划（2019—2025）》的相关规定，加快推进"互联网+"农村人居环境整治平台开发与生态建设，将农村人居环境治理的相关内容纳入平台，实现对乡村的精细化管理和数据的集成应用。**四要**健全农村人居环境标准体系。由于我国幅员辽阔，各地农村的实际情况千差万别，还应充分考虑农民生活习惯，根据本地的地域特点、经济发展、环境现状等将整治标准与政策内容嵌入村民生活中，有重点、有计划地推进农村人居环境整治。

十九 青山就是美丽，蓝天也是幸福

　　源于湖北省十堰市茅箭区的泗河是汉江的一级支流，流经十堰市多地，最终汇入丹江口水库。2022年12月底，广大群众向环保部门举报十堰市的两家混凝土生产企业将生活污水和生产废水违法偷偷排进泗河，而这里距离丹江口库区仅10余公里。当地群众拍到的排污现场景象触目惊心，污水流经的河道堆满了白灰色沉积物，泗河部分河段被染成了白色，严重影响了沿岸居民的生活，所以居民对此意见很大。党的十八大以来，我国污染防治攻坚战阶段性目标任务圆满完成，生态环境明显改善。我国正处于经济高质量发展阶段，但大气污染、水污染和固体废物污染等仍然是生态环境保护的薄弱领域。

目前，人民群众的生活环境问题在发展中呈现出许多新特点，主要表现在以下方面：**一是**大气污染。工业生产中，部分企业生产主要依靠石油、煤炭等传统能源，若能源燃烧过程不充分，便会产生较多的悬浮颗粒物（PM10、PM2.5），并被排放至空气中，对环境造成极大污染。**二是**水体污染。城镇化建设中产生大量的生活废水、工业废水，很多时候未得到较好处理就被排放；在农业种植的过程中，一些未经处理的含农药废水直接排入河流。这些污染都对地表水、地下水造成严重的水体污染。**三是**固体废物污染。生产生活中产生的大量生活垃圾和工业垃圾，易导致生活垃圾围城、工业垃圾乱堆乱放等，进而加剧环境污染。**四是**土壤污染。近几年，土壤污染物中出现了有毒化工和重金属污染，并由工业向农业转移、由城区向农村转移、由地表向地下转移、由上游向下游转移，积累的土壤污染问题逐渐引发一起起污染事故。

总结这类问题产生的根源，**一是**缺乏对自然规律和生态环境重要性的科学认识。一些地方不够重视生态环境保护，片面追求经济快速发展，采取"三高一低"（高投入、高消耗、高污染，低效益）的粗放型发展模式，造成了资源浪费和环境恶化。**二是**政策制度运行机制不健全。部分污染源治理的政策落实不到位，污染源环境监管运行机制不健全，政策之间系统性协同性不足，排污许可制尚未做实，难以支撑总量控制、环境统计、排污权交易等精细化政策工具有效应用。三是保障能力不足。随着污染源环境监管职能的增加和下沉，基层部门事中事后的监管负荷大幅增加，由于国家对污染源环境监管的体制改革尚未完全到位，编制、技术、设备等能力不足问题更加凸显，长久以来，"小马拉大车、权能不匹配"问题仍未得到真正解决，难以支撑精准科学的监管工作。因此，当下在追求生活品质提升的同时，如何进一步改善水质、净化空气、降低噪音、解决垃圾污染等问题，更好地促进我国生态文明建设，成为广大人民群众的迫切希望。

（一）青山就是美丽，蓝天也是幸福

治理生活环境污染是一项系统工程，必须作为重大民生实事紧紧抓在手上。习近平总书记强调："环境就是民生，青山就是美丽，蓝天也是幸福。"①坚持生态惠民、生态利民、生态为民，让老百姓吃得放心、住得安心，为老百姓留住鸟语花香的田园风光，既是让群众共享发展成果的必然要求，也是增进民生福祉的题中应有之义。

---

① 习近平：《推动我国生态文明建设迈上新台阶》，《求是》2019年第3期。

　　环境好了，生活才能更好。党的十八大以来，以习近平同志为核心的党中央从战略和全局高度作出了一系列治理生态环境污染的重大决策部署。在宏观污染防治方面，习近平总书记指出："我国经济社会发展已进入加快绿色化、低碳化的高质量发展阶段，生态文明建设仍处于压力叠加、负重前行的关键期。必须以更高站位、更宽视野、更大力度来谋划和推进新征程生态环境保护工作，谱写新时代生态文明建设新篇章。"①在改善空气质量方面，习近平总书记指出："要加大大气污染治理力度，应对雾霾污染、改善空气质量的首要任务是控制PM2.5，要从压减燃煤、严格控车、调整产业、强化管理、联防联控、依法治理等方面采取重大举措，聚焦重点领域，严格指标考核，加强环境执法监管，认真进行责任追究。"②党的二十大报告中强调："加强污染物协同控制，基本消除重污染天气。"在治理土壤污染方面，习近平总书记指出："要全面落实土壤污染防治行动计划，突出重点区域、行业和污染物，强化土壤污染管控和修复，有效防范风险，让老百姓吃得放心、住得安心。"③在应对河流等水污染方面，习近平总书记指出："环境保护和治

①　《习近平在全国生态环境保护大会上强调　全面推进美丽中国建设　加快推进人与自然和谐共生的现代化》，新华网2023年7月18日。
②　《习近平北京考察工作：在建设首善之区上不断取得新成绩》，《人民日报》2014年2月27日。
③　习近平：《坚决打好污染防治攻坚战　推动生态文明建设迈上新台阶》，《人民日报》2018年5月20日。

理要以解决损害群众健康突出环境问题为重点，坚持预防为主、综合治理，强化水、大气、土壤等污染防治，着力推进重点流域和区域水污染防治。"①党的十八大以来，在习近平生态文明思想的指引下，我国接续实施了大气污染防治行动计划、打赢蓝天保卫战三年行动计划，集中力量攻克群众身边的突出生态环境难题。为进一步巩固污染防治攻坚战成果，习近平总书记强调："要巩固污染防治攻坚成果，坚持精准治污、科学治污、依法治污，以更高标准打好蓝天、碧水、净土保卫战，以高水平保护推动高质量发展、创造高品质生活，努力建设人与自然和谐共生的美丽中国。"②在治理农业农村污染方面，习近平总书记指出："加强农业生态环境保护和农村污染防治，统筹推进山水林田湖草系统治理，完善农产品产地环境监测网络，加大农业面源污染治理力度，开展农业节肥节药行动。"③最终价值指向是推行绿色的发展方式和生活方式，再现山清水秀、天蓝地绿、村美人和的美丽画卷。在保护生态环境方面，习近平总书记指出："保护生态环境必须依靠制度、依靠法治。只有实行最严格的制度、最严密的法治，才能为生态文明建设提供可靠

---

① 《习近平谈治国理政》，外文出版社2014年版，第209—210页。
② 《加强反垄断反不正当竞争监管力度 完善物资储备体制机制深入打好污染防治攻坚战》，《人民日报》2021年8月31日。
③ 习近平2019年3月8日参加十三届全国人大二次会议河南代表团审议时的讲话。

保障。"① "要落实领导干部生态文明建设责任制，严格考核问责。对那些不顾生态环境盲目决策、造成严重后果的人，必须追究其责任，而且应该终身追责。"② 在国土空间规划方面，习近平总书记指出："要科学布局生产空间、生活空间、生态空间，扎实推进生态环境保护，让良好生态环境成为人民生活质量的增长点，成为展现我国良好形象的发力点。"③

习近平总书记重要讲话全面部署了方向性、全局性、根本性的目标任务，为解决人民群众反映强烈的突出生态环境问题提供了科学方法，清晰描绘了打好污染防治攻坚战、建设美丽中国的宏伟蓝图。

（二）全面推进美丽中国建设

党的十八大以来，以习近平同志为核心的党中央高度重视生态环境保护问题，在"加紧经济社会发展全面绿色转型"方面开展了一系列开创性工作。各地在习近平生态文明思想指引下迈出了坚实的步伐，加快推动发展方式绿色低碳转型，加快形成绿色生产方式和生活方式，为高质量发展添上了绿

① 习近平：《在十八届中央政治局第六次集体学习时的讲话》（2013年5月24日）。
② 习近平：《推动我国生态文明建设迈上新台阶》，《求是》2019年第3期。
③ 习近平：在华东七省市党委主要负责同志座谈会上的讲话（2015年5月27日）。

改造后的紫南村鸟瞰图（图源："佛山农业农村"微信公众号）

色底色。

1.牢固树立绿色发展理念。绿水青山就是金山银山。近年来，位于广东省佛山市的紫南村牢固树立绿色发展理念，开展了一系列环境综合整治工作，大刀阔斧地对旧村工业园区进行改造，关停搬迁了22家高污染、低产出的企业和小作坊，构建了"四个专业市场和一个饮食产业链"的绿色环保产业格局。自2010年起，紫南村就自筹资金完成农村地下污水管网建设，在15个自然村全面推进下水道改造工程，在各街巷铺设下水管道，累计改造下水道长达60公里，把明渠改为暗渠，实现了雨污分流，并把生活污水接驳到南庄镇属污水处理厂进行统一纳污、统一处理。该举措极大改善了紫南村的河涌水质，实现村内无黑臭河涌，没有劣V类河涌，岸绿、水清、鱼游、嬉水的景象常现紫南。

2.健全生态环境监管体制。生态保护与污染防治密不可分，相互影响。随着生态文明体制改革深入推进，健全生态环境监管体制，为深入打好污染防治攻坚战提供了有力保障。作为我国西部重要的生态安全屏障，祁连山局部在一定时期生态破坏问题十

祁连山自然保护区风光（图源：视觉中国）

分突出。这一问题被通报后，甘肃省注重建立健全生态环境保护机制。一是健全理顺管理体制，挂牌成立了祁连山国家公园管理局。祁连山自然保护区22个保护站和18个森林派出所全部上划甘肃省林草部门管理，理顺了祁连山保护区管理体制。二是科学划定生态保护红线，2017年11月，甘肃省完成了祁连山地区生态保护红线划定任务。三是建立产业准入负面清单，严禁纳入祁连山冰川与水源涵养生态功能区范围的10个县发展不符合主体功能定位的产业。四是积极推进自然资源资产管理各项改革试点，编制完成祁连山地区自然资源资产负债表，制定《甘肃省自然生态空间用途管制试点工作方案》。五是加大生态补偿力度，积极推进祁连山地区黑河、石羊河流域开展上下游横向生态补偿试点，有效提高了生态环境全面监管的科学化、精准化水平，彻底扭转了祁连山生态环境恶化的趋势。

3.助力生态环境智慧管理与治理。生态环境智慧管理与治理是一个全新的概念，它将先进的科技手段和环保相结合，达到更加高效、可持续的环保效果。随着技术和经济的发展，我们需要更加智慧的方式来解决环境污染问题。四川省成都市生态环境指挥调度中心一间办公室的墙上有一块电子显示屏，它实时更新着成都市各种生态环境数据。这就是2022智慧环保十佳创新案例之一的成都市大气污染AI小尺度溯源系统。为进一步解决大气污染监测的溯源难题，成都市还运用该系统，整合大气固定监测站、移动监测站、工地扬尘在线监控等各类监管数据，并利用雷达扫描、遥感、电力报警等科技手段，形成实时多源大数据，再通过大数据和AI算法"以算代测"，自动实现了千米级、小时级的网格化空气污染精准感知。经比对核实，其准确率超过80%，相较于传统网格化硬件铺设，可节省成本约50%。相比于"人盯源"，应用AI算法监测污染源能全面提升可同时监控的企业数量和监管效率。目前，"大气污染AI小尺度溯源"平台已覆盖成都市主城区"5+1"区域和二圈层"6+1"区域，管治区域面积达3730平方公里，有助于科学、高效地治理大气环境污染。

面对日益严重的环境污染，我们要把它上升到民生的高度去认识、去重视、去治理，在绿水青山中迸发出更大的生态自觉，才能让山更绿、水更清、天更蓝。**一要**培育绿色发展新动能，实

现产业绿色转型发展。各地要推进"生态+"理念融入产能发展全过程、全领域，既要改造节能低碳环保技术，又要培育壮大绿色循环经济，做好传统产业的"减法"和新产业、新业态的"加法"。提升钢铁、水泥、化工、石化等产能的绿色化水平，实现全流程清洁化、循环化、低碳化改造，协同推动火电、建材、钢铁等行业减污降碳增效。**二要**积极探索区域生态环境共保联治新途径。要坚持共建共享和共保联治相结合，健全区域生态环境保护协作机制，进一步推进地区间跨界和毗邻地区的生态环境联合监测，完善区域环境信息共享机制。**三要**加快推进生态环境治理体系与治理能力现代化，提升生态环境治理效能。以创新制度为引领，完善环境治理的法规标准，健全绿色发展激励机制，充分调动社会资本力量、优化环境治理监管服务机制，系统提升生态环境治理能力。**四要**深入打好污染防治攻坚战。统筹城市与乡村环境污染治理，持续实施污水处理提质增效行动，打好城乡黑臭水体治理攻坚战，统筹好城市和乡村环境污染治理，巩固提升饮用水安全保障水平，持续实施污水处理提质增效行动，打好城市黑臭水体治理攻坚战，进一步促进生态扩容。**五要**加强自然恢复和系统保护修复。科学开展大规模的国土绿地行动，加快构建以国家公园为主体的自然保护地体系，促进草原森林河流湖泊休养生息，有效恢复自然生态承载能力，筑牢国家生态安全屏障。

在山东省临沂市平邑县，种植金银花已经成为不少村民实现家庭经济增收的重要来源。但是由于体量小、底子薄，很多回乡创业者面临资金难题。中国建设银行山东临沂平邑支行了解到情况后及时开展实地调研，为商户进行测额及授信。中国建设银行还在流峪镇、郑城镇等地设立"裕农通"服务点，组建专业团队，开展金融服务普及等活动。在金融"底肥"的滋养下，一些企业开始在金银花精深加工上进行探索。近年来，党和国家加大对中小微企业和个体工商户的帮扶力度，但中小微企业和个体工商户经营困难仍是一个普遍问题。

当前，中小微企业、个体工商户经营困难主要体现在：**一是**发展资金不足，获取贷款难。中小微企业和个体工商户普遍融资渠道不畅，直接融资渠道有限、间接融资受阻、民间融资收紧等导致融资不畅，企业拿不到资金，发展缓慢，甚至生存都面临很大的挑战。**二是**经营成本高，发展压力大。在中小微企业和个体工商户发展过程中，不但人工成本逐年增长，原材料、场地租赁等费用也水涨船高，导致经营成本过高、发展压力过大。**三是**人员配备不足，招工难。企业用人需求在不断提高，人力成本却居高不下，企业给不出相应待遇，很难招到合适的人。即使招到人要想留住人，尤其是留住高级人才，成为摆在企业面前的一道难题。**四是**品牌弱，核心竞争力不强。小微企业和个体工商户发展一般缺乏长远的战略，只注重产量、销量等眼前现有发展红利，而忽视企业文化、品牌宣传等长远利益。**五是**技术创新意识薄弱，创新能力不足。新形势下对技术创新的发展要求越来越高，许多中小微企业在产品研发方面资金投入量不足，技术进步发展迟缓，创新能力与手段单一，难以跟上市场需求步伐。

总结中小微企业、个体工商户经营困难的原因，**一是**大部分中小微企业、个体工商户沿用家族式管理模式，企业生产管理、财务管理、营销管理等多项管理不规范，加之缺乏科学严格的规章制度来规范和指导企业生产经营，严重制约了企业的成长效率和做大做强。二是中小微企业员工待遇及生活环境亟待提高。中小微企业大部分员工工资待遇低，企业不能保障员工正常的休息时间。有的企业工价确定和计薪方法不够合理、透明度不高，拖欠工资现象时有发生。三是大部分中小微企业、个体工商户员工多数文化素质偏低，而熟知本行业的专业技术人员相对较少，企业总体上技术力量薄弱。中小微企业试图通过人才引进来改变现状，却又十分困难，近几年大中专毕业生进入小微企业就业的比例不高。四是财税金融政策不完善，一些银行出于风控考虑，对于中小微企业、个体工商户信贷支持态度往往更趋谨慎。五是多数中小微企业、个体工商户对创新支持力度不够，对创新保护不足，存在研发和技术创新资金困难。如何更好地解决中小微企业和个体工商户经营困难问题已成为当前我国经济发展的重点问题。

（一）让更多中小微企业和个体工商户实现"大梦想"

中小微企业和个体工商户是国民经济发展的"毛细血管"。习近平总书记高度重视中小微企业和个体工商户的发展，始终强调要"支持中小微企业发展"，体现了党和国家对中小微企业和个体工商户的高度重视和深切关怀。

党的十八大以来，习近平总书记就中小微企业和个体工商户发展多次作出重要指示，强调加强对困难行业和中小微企业扶持，培育一批"专精特新"中小企业。在支持鼓励中小微企业和个体工商户发展方面，习近平总书记强调，"采取更有效的措施支持中小微企业和个体工商户发展"①，"要优先解决民营企业特别是中小企业融资难甚至融不到资问题，同时逐步降低融资成本"②，"继续实施积极的财政政策和稳健的货币政策，延续、优化、完善并落实好减税降费政策，发挥总量和结构性货币政策工具作用，大力支持科技创新、实体经济和中小微企业发展"③。在营造中小微企业和个体工商户健康发展环境方面，习近平总书记强调："优化民营企业发展环境，依法保护民营企业产权和企业家权益，促进民营经济发展壮大。""要把构建亲清政商关系落到实处，为民营企业和民营企业家排忧解难，让他们放开手脚，轻装上阵，专心致志搞发展。"④在中小微企业和个体工商户创新能力发展方面，习近平总书记指出："希望专精特新中小企业聚焦主业，精耕细作，在提升产业链供应链稳定性、推动经济社会发展中发挥更加重要的作用。"⑤

---

① 《正确引导民营经济健康发展高质量发展》，《人民日报》2023年3月7日。
② 《习近平著作选读》第二卷，人民出版社2023年版，第207页。
③ 《减税降费直达　企业增添动力（走进市场看信心）》，《人民日报》2023年8月12日。
④ 《正确引导民营经济健康发展高质量发展》，《人民日报》2023年3月7日。
⑤ 《着力在推动企业创新上下功夫　激发涌现更多专精特新中小企业》，《人民日报》2022年9月9日。

"专精特新"企业生产高端汽车弹簧用钢产品订单
（图源：视觉中国）

这些重要论述立足我国经济运行的具体实际，为中小微企业和个体工商户发展提供了实实在在的帮扶和助力，同时为在新的历史方位上着力解决好中小微企业和个体工商户经营难题提供了根本遵循。

（二）为中小微企业和个体工商户纾困减负

党的十八大以来，党和国家先后出台了延续、优化、完善并落实好减税降费的一系列政策措施。同时，全国各地积极探索中小微企业、个体工商户更好更快发展的新路子，围绕做好"六稳"工作、落实"六保"任务，深化"放管服"改革，优化营商环境，助企纾困和激发活力并举，细化实化财税、金融、社保等惠企政策，并大力支持数字技术赋能中小微企业、个体工商户，为中小微企业、个体工商户持续恢复元气、增强活力提供有力支撑。

1.完善落实减税降费政策。政策支持是中小微企业、个体工商户发展的动力之源，针对性的惠企政策能够有效解决发展资金困难。在河北省玉田市，税务部门充分利用数字化智能技术，与

"远程帮办中心"共同构成全天候、无间断的线上服务模式，打造出更具便利性和贴合度的"蒲公英"纳税服务微信群，为中小微企业和个体工商户在电子税务局就操作疑问、税费政策咨询、发票领用等问题及时做好解答工作。唐山某公司财务人员遇到数字账户的发票认证问题时第一时间在"蒲公英"纳税服务群求助。随后，税务部门派出纳税服务专线联络员与该公司进行"一对一"联系，并根据该公司性质确定政策申享范围，辅导企业继续使用原发票认证抵扣平台进行认证，快捷高效地帮助企业解决用票难题。

2.优化营商环境。进一步改善和优化营商环境，聚焦提升政务服务水平，着力让中小微企业和个体工商户办事更顺畅、更便捷、更舒心、更暖心。2022年，山东省威海市面向中小微企业和个体工商户，谋划推出37个优化营商环境"关键一招"，推动更多政务服务事项"一门式"办理、"一站式"服务，企业办事"扫码办""刷脸办"，大幅提升了政务服务水平。国网威海供电公司为解决小微企业办电"延、降、等"难题，采取扩大低压电网接入能力等措施，实现了小微企业、个体工商户电力接入的零投资，降低了小微企业、个体工商户的经营成本。此外，供电公司以数字科技赋能小微企业高质量发展，为其提供"刷脸办"及"零证办"等智能化服务，告别"人等电"实现"电等人"，大大提升了小微企业在办电方面的获得感。

3.降低融资成本。融资慢、手续多，一度困扰着中小微企业。降低企业融资成本，能够从根本上缓解中小微企业"融资难""融资贵"问题，为中小微企业的复苏注入"强心剂"。广东某科技有限公司资金周转出现困难，广发银行东莞分行华发支行了解到此事之后，对该公司的经营状况、征信及纳税记录进行评估后，为其提供了300万元的流动资金贷款支持。北京某科技有限公司是一家以滑雪用品为主的外贸企业，该公司及时瞄准2022年北京冬奥会的机遇，向中国进出口银行申请了两笔1000万元的转贷款用来及时周转、进货。也正是得益于这笔资金的支持，北京冬奥会期间，该公司的销售业绩同比增幅将近一半。

4.科技赋能助力中小微企业发展。开展数字化赋能是提升中小微企业核心竞争力的有效途径。江苏省苏州市某科技公司通过知识产权赋能助力企业更高质量发展。知识产权是科技型企业的核心资产，该公司坚持自主研发和原始技术创新，通过五年知识产权战略，在知识产权保护、运用、管理等方面制定了具体的战略规划，让知识产权成为公司国际竞争力和知识资本的助推器。该公司还深化与高等院校、科研院所协作，以培育市场主体和创新创业平台为重点提升"双创"支撑力，赢得了市场发展优势。

当前中小微企业和个体工商户正处于发展红利期，但要解决中小微企业和个体工商户经营发展困难问题仍有很长一段路要走。一是从国家层面看，要结合实际强化和细化纾困举措，将小微企业税收优惠、扩大中小企业政府采购份额等政策进一步延续，全链条全方位

行政审批"一站式迁移"，个体工商户异地经营少跑腿

扶持中小微企业和个体工商户"上台阶"。二是从地方政府层面看，一方面要落实好上级政策，落实国家减负降本和各类纾困政策，实现"应兑快兑""速享尽享"，提升中小微企业和个体工商户政策获得感；另一方面要进一步统筹地方财政资金和地方政策举措，进一步帮助中小微企业和个体工商户减负降本、纾困解难、提振信心。三是从中小微企业和个体工商户层面看，要注重创新升级，加大创新研发力度以提升竞争力，切实增强中小微企业和个体工商户实实在在的获得感。四是从体制机制改革层面看，解决中小微企业和个体工商户面临的发展困境不能以短期的宏观调控及中期的产业政策替代长期的体制改革，只有理顺了整体的市场环境，更大力度深化改革，才能推进中微小企业和个体工商户参与公平竞争。

二十一
筑巢引凤，
让乡村人才不再缺失

近年来，浙江省湖州市牢固树立"大人才观"，创新实施乡村振兴新青年行动，全面布局"青创空间"体系，大力推广"余村全球合伙人"、谷堆乡创等模式，全域推进青年入乡发展，有效破解基层人才引进难、培养难、留用难等问题，为乡村振兴提供强有力的人才智力支撑。党的十八大以来，我们高度重视乡村发展的人才队伍建设，培养和磨炼了一大批国家发展的后备人才。但是，乡村人才缺失问题依然是全面推进乡村振兴战略过程中必须解决的难题，有的村干部队伍后继乏人,有的村缺少技术人才、新型管理人才等,迫切需要各行各业的人才奔赴乡村、服务基层。

目前乡村人才缺失主要体现在以下几个方面:**一是**农业技术人才短板凸显。当前乡村人才主要集中于非农领域,而在农业农村发展方面的专业人才却极度匮乏。真正从事农业科研、技术推广的乡村人才主要集中在行政机关、事业单位、企业或高校,在乡村基层较少。**二是**人才队伍分布不均衡,结构失衡。农村人才断层比较严重,高层次、高学历、高素质人才短缺,从整体上看,人才的普遍受教育程度较低,文化程度不高,基本上以初高中或者专科文化程度较多;复合型、创新型人才较少,单一生产型人才较多。**三是**乡村科技人才短缺。传统学科、传统技术人才较多,经济贸易、信息化建设、市场流通、科技等方面的人才短缺,难以满足乡村发展的实际需求。**四是**农村人才地区分布不平衡。东部南部发达地区乡村人才资源相对丰富,素质较高,结构也较为合理,在西部、西南部、西北部等地区,尤其是偏远山区,人才短缺以及流失现象比较严重;同时,在距离城市地区近的农村人才相对丰富,距离城市远的地区人才流失严重。

总结乡村人才缺失问题的主要原因,**一是**城乡公共服务体系差距大。广大乡村与城市相比,生产力水平较低,在信息、水利、交通、电力、社会服务、医疗教育等基础公共服务设施等方面条件有限,导致大量的农村人口随着求学、就业、务工等奔赴城市就业以及谋生存和发展。二是乡村人才可持续发展保障制度不够完善。目前乡村人才培育的政策扶持体制机制还未健全完善，尤其是关于人才培育如何纳入财政预算、如何设立专项资金、如何建立长效投入机制等问题在各乡村地区还需进一步予以制度化。三是投入与产出收入不成比例。随着经济社会的发展，农业生产成本在不断增加，乡村的人力资源成本与城市不对等，在城市打工的收入远远高于乡村传统种植养殖收入，造成人才流失。

（一）人才振兴是乡村振兴的基础

习近平总书记高度重视乡村人才问题。关于培养乡村人才，习近平总书记在2022年底召开的中央农村工作会议上指出，全面推进乡村振兴是新时代建设农业强国的重要任务，"人力投入、物力配置、财力保障都要转移到乡村振兴上来"。"要着力培养一批乡村人才，重点加强村党组织书记和新型农业经营主体带头人培训，全面提升农民素质素养，育好用好乡土人才。同时，要引进一批人才，有序引导大学毕业生到乡、能人回乡、农民工返乡、企业家入乡，创造机会、畅通渠道、营造环境，帮助解决职业发展、社会保障等后顾之忧，让其留得下、能创业。"关于创新乡村人才工作体制机制，习近平总书记指出：

"人才振兴是乡村振兴的基础，要创新乡村人才工作体制机制，充分激发乡村现有人才活力，把更多城市人才引向乡村创新创业。"①习近平总书记在山东考察时指出："乡村振兴，人才是关键。要积极培养本土人才，鼓励外出能人返乡创业，鼓励大学生村官扎根基层，为乡村振兴提供人才保障。"关于落实乡村人才专业化系统化培训，习近平总书记指出："要推动乡村人才振兴，把人力资本开发放在首要位置，强化乡村振兴人才支撑，加快培育新型农业经营主体，让愿意留在乡村、建设家乡的人留得安心，让愿意上山下乡、回报乡村的人更有信心，激励各类人才在农村广阔天地大施所能、大展才华、大显身手，打造一支强大的乡村振兴人才队伍，在乡村形成人才、土地、资金、产业汇聚的良性循环。"②关于推动农民职业培训，习近平总书记指出："完善职业培训政策，提高培训质量，造就一支适应现代农业发展的高素质职业农民队伍，并为他们创业发展创造良好的素质条件和外部环境。"③

党的十八大以来，习近平总书记关于做好乡村人才工作的一系列重要论述，视野开阔、思想深刻、内涵丰富，体现了总书记对农村工作、农业发展、农民富裕的殷切关心和高度重视，彰显

---

① 《习近平关于"三农"工作论述摘编》，中央文献出版社2019年版，第194页。
② 《习近平经济思想学习纲要》，人民出版社、学习出版社2022年版，第90页。
③ 《习近平关于"三农"工作论述摘编》，中央文献出版社2019年版，第144页。

了人才工作在乡村振兴中的重要战略地位。习近平总书记关于乡村振兴和人才问题的系统论述，为破解乡村人才缺失问题，建设一支政治过硬、本领过硬、作风过硬的乡村振兴干部队伍指明了科学方向，提供了行动指南。

（二）拓宽乡村人才来源，聚天下英才而用之

党的十八大以来，党和国家加强组织领导，把乡村人才振兴纳入人才工作目标责任制考核和乡村振兴实绩考核，加强农村干部队伍的培养、配备、管理、使用，搭建乡村引才聚才平台，制定乡村人才专项规划等。同时，全国各地积极落实党中央、国务院有关决策部署，探索符合当地发展与实际情况的政策措施，想实招、出真招，加快推进乡村人才振兴，促进各类人才投身乡村建设。

1.创新方式引进人才。要紧扣产业需求创新引才路径，充分发挥科技计划项目和创新平台建设作用，为科技人才引进培养和施展才华搭建平台。2015年，浙江省在全国率先提出"农创客"新概念，积极引导有志青年投身农村创业创新。2019年，浙江省实施"两进两回"，推进科技、资金进乡村，青年、乡贤回农村。2021年，浙江省在全国率先启动实施十万农创客培育工程，从资金、用地、科技、人才等多方面扶持农创客发展，强化资源

对接，通过举办农村创业创新大赛、农创客金融与项目服务对接会、农创客资本相亲会、"行长面对面"等活动，架起金融机构与农创客的沟通桥梁；搭建销售平台，

2024年4月10日，农创客招聘引才活动在浙江大学举行，青春与乡村双向奔赴（图源：视觉中国，中新社记者吴君毅拍摄）

创新推出农创客集市、云上集市等活动，对接百余家企业，促成合作项目超500个；突出能力提升，开展万名农创客大培训，并聘请技术专家、农企老总、创投代表等为创业导师，着力提高农创客创业能力和水平。

2.激发内生动力，培育乡村自主人才队伍。培育本土人才在解决乡村人才缺失问题上具有独特的先天优势。2022年，为有效聚合农民教育培训资源，进一步提高高素质农民教育培训能力和水平，更好助力推动乡村人才振兴，山东省遴选了一批基础设施完备、培育管理规范、培育模式先进、跟踪服务优质的培训基地。基地分为综合类基地、专业类基地和农民田间学校等三个类型。山东省高青县逢军农民田间学校的开春第一课在西瓜大棚内开讲。主讲人段逢军是当地非常有名的"西瓜哥"，他种的西瓜产量高、品质优，而且他因为积极拥军的事迹在当地具有很大影

响，高青县在他的基地建起了田间学校。据县农业农村局负责人介绍："县里建立了农村实用人才信息库，每年评选表彰乡村之星，依托田间学校培养了一批致富带头人。如今，全县已有5所省级以上的新型职业农民示范站。"为当地发展储备了较好的人才队伍。

3.优化人才发展制度及人文环境。解决人才流失问题，实现人才回流乡村，离不开良好的制度环境与社会环境。福建省加强乡村人才发展平台建设，创新搭建高水平农业科研平台，促进各类人才工作站向乡村延伸，加强农村实用人才工作站、农村实用人才实践基地、乡村人才工作站建设，提升农村实用人才的创新创业、生产经营和示范带动能力，加强乡村人才培养、引进和联络服务。搭建多形式的农业创业创新平台，建立农村创新创业园区（基地），鼓励农业企业建立创新创业实训基地；建设一批众创空间、"星创天地"，培育以企业为主导的农业产业技术创新战略联盟，持续举办创意大赛，选拔一批优秀创意项目、创业主体，培育一批典型县和孵化实训基地。

4.探索"乡村振兴合伙人"模式。为支持能人返乡创业，山东省济宁市创新推出"乡村振兴合伙人"模式，采取创办企业、技术入股、专业服务等个性化模式，与招募村"一对一"开展合作，为企业家、创业者、专家学者、技术能手等各类人才提供助力。截至目前，济宁市设立乡村振兴工作站30家，招募合伙人591名，项目落地485个，吸纳就业2.3万人，带动农民增收6亿元。2023年以来，山东瞄准企业家、农民工、技能人才等群体，总结推广"乡

济宁市创新实施"乡村振兴合伙人"制度，探索出一条乡村人才振兴新路径（图源："济宁人社"微信公众号）

村振兴合伙人""首席专家""归雁工程"等项目经验做法，打造"人才+项目+资金"新型人才引进模式、"专家+农民"利益共同体模式，推动专家通过科研成果、技术服务等入股新型农业经营主体，使其成为科技合伙人、农业发展合伙人，实现合伙运营、风险共担、利益共享；探索"链长制"模式、科教兴村模式、"三田合一"模式、农业科技社会化服务模式、乡村人才培育模式，让各类优秀人才创业有机会、干事有舞台、发展有空间。

　　在实施乡村振兴战略过程中，人才瓶颈制约的难题已在逐步破解，在很大程度上缓解了乡村人才困境，但距离满足乡村人才需求还有差距。要让乡村真正留住人才，成为人才向往之地，不能急于求成，必须久久为功。**一要**立足本土育人才，培育农民自

我发展能力。加强对农民的农业技术、职业技能、市场意识、法制和道德意识培训，培育有文化、懂技术、守法律、会经营的新型职业农民，充分调动广大农民群众的积极性、主动性。二要强化从内部挖潜，实现农村人才回流。从政策、资金和土地流转等方面进行帮扶，建立完善的外出务工农民召回办法和体制机制，出台鼓励农民工返乡创业优惠政策等，让他们真正成为乡村振兴的参与者、建设者和受益者。三要在政策导向上下功夫，久久为功留人才。要着眼促进农民增收，壮大乡村富民产业，发展新型农业经营主体和社会化服务，培养用好乡村人才。要切实提高其工资待遇，形成与其劳动知识付出相匹配的收入结构；改善工作条件和生活条件；建立合理有效的干部交流和选拔任用机制，既能够激发其发展动力，也能够促进其安心扎根农村工作。**四要**拓宽城市人才下乡的渠道，"打基筑台"聚人才。继续大力开展"西部志愿者""一村一大"等支农计划；拓展新型就业平台，利用新技术新形势，帮助有技术和经营能力的大学生创业，实现大学生就业与乡村振兴的双赢。**五要**建立健全乡村人才振兴体制机制。完善各类人才定期服务乡村制度，建立人才分类培养机制，完善符合乡村人才特点的长期稳定培养支持机制，以最优的服务、最好的政策、最高的礼遇，增强人才归属感、获得感，不断激发人才内在潜力和热情，为乡村振兴注入磅礴力量。

二十二 变荒为宝，有效解决农村土地丢荒问题

年近八旬的张高志是湖北省随州市随县鲁城村村民，种了一辈子的地，对土地有着深厚的感情。张高志的孩子都在外地打工，家里只剩下他和老伴儿，随着年龄的增大，老两口儿再也干不动农活，家里的地一年中有半年时间撂荒，收入也下降了。十多年前，张高志放弃了冬小麦的种植。除了年龄因素之外，张高志有一本账——种地不赚钱，不如不种。"旋耕机一亩算是80元，一包复合肥要80元，还有其他肥料，这就是两百多块钱，还有买种子，工钱不算，这就得五六百

元的投入。而麦子才卖七毛钱一斤，一亩田搞到八百斤都不到，是不是亏本？亏本就不种了。"张高志的这本账，附近很多村民都算过。拿水稻来说，水稻每亩收获1000—1200斤，按每斤售价1.2元计算，扣掉种子、化肥、人工的投入，夏天忙上一季每亩就剩个三四百元，这个钱，村民外出打工两三天就能赚到。这样类似情况的土地撂荒在全国范围内还有一定程度的存在，亟须全面系统予以解决。

当前，农村土地丢荒主要体现在以下几个方面：**一是**耕地闲置。部分农民因生活困难、劳动力短缺等原因选择放弃种植，导致耕地闲置，呈现出主动任其闲置、荒芜的状态。**二是**农田非粮化。一些农作物生产成本上升而售价却没有增加，部分农民不愿意耕种农作物，反而选择耕种经济作物，导致农田非粮化。**三是**丢荒程度不同。有些土地丢荒是季节性的，有的是非粮化丢荒，即基于收入效益的考虑，选择季节性耕种或者选择非粮经济作物耕种。有的是绝对化抛荒，即完全、大面积的全年丢荒。

总结农村土地丢荒的主要原因，**一是**农业收入不稳定。一些地区的农业生产方式较为落后，缺乏规模化、集约化经营，导致农业生产效率低下，农民收入增长缓慢。另外，农业生产受自然环境的限制较大，风险也大，导致农民收入不稳定，进而影响农民对土地的投入积极性。**二是**农业生产的劳动力流失。现代工业的快速发展以及城市化进程的不断推进，导致越来越多的农民选择进城务工，放弃耕种土地。另外，随着农村人口老龄化的加剧，很多老年人由于身体原因无法从事农业生产，农业生产缺乏劳动力。**三是**农业生产成本上升。农业基础设施投入较大、回本时间跨度较长，农业生产资料价格不断上涨、劳动力成本增加等诸多因素，导致农业生产成本不断上升，部分农民难以承受高昂的生产成本而主动选择丢荒土地。**四是**土地流转困难。虽然各地已经相继制定了一些土地流转的办法，但土地流转体制机制不够健全，缺乏一定的灵活性，土地流转之后的保障性措施较少，农民操作起来也有难度。农田碎片化导致很多地方的土地流转处于自发、无序的状态，部分农民不能及时有效地把土地转让出去，部分土地不得不被丢荒。上述原因虽各不相同，但说到底种粮成本高、效益低是土地丢荒的根本原因。

（一）把粮食生产作为核心要务来抓

党的十八大以来，习近平总书记多次对土地丢荒问题作出重要指示，强调要调动农民种粮积极性，稳定和加强种粮农民补贴。2022年3月6日，习近平总书记在看望参加全国政协十三届五次会议的农业界、社会福利和社会保障界委员时指出："农田就是农田，只能用来发展种植业特别是粮食生产，要落实最严格的耕地保护制度，加强用途管制，规范占补平衡，强化土地流转用途监管，推进撂荒地利用，坚决遏制耕地'非农化'、基本农田'非粮化'。"①习近平总书记的重要论述为解决土地丢荒问题提供了方向指南和路径指向，有力有效推动了抛荒土地复耕复种。

在撂荒土地治理方面，习近平总书记指出："加强撂荒地治理，摸清底数，分类推进，因地制宜把撂荒地种好用好。要积极开发各类非传统耕地资源，加强科技研发和生产投资，探索有效发展模式，突破我国传统耕地稀缺的自然条件限制。"②在建设高标准粮田、守护耕地质量方面，习近平总书记强调："保耕地，不仅要保数量，还要提质量。建设高标准农田是一个重要抓手，要坚定不移抓下去，提高建设标准和质量，真正实现旱涝保收、高产稳产。"③在保护粮食耕地方面，习近平总书记指出，"耕地是粮食生产的命根子"④，"我国人多地少的基本国情，决定了我们必须把关系十几亿人吃饭大事的耕地保护好，绝不能有闪失"⑤，

---

① 《论"三农"工作》，中央文献出版社2022年版，第332页。
② 《切实加强耕地保护 全力提升耕地质量 稳步拓展农业生产空间》，《人民日报》2023年7月21日。
③ 《坚持把解决好"三农"问题作为全党工作重中之重 举全党全社会之力推动乡村振兴》，《求是》2022年第7期。
④ 《切实加强耕地保护 全力提升耕地质量 稳步拓展农业生产空间》，《人民日报》2023年7月21日。
⑤ 习近平：《依法依规做好耕地占补平衡 规范有序推进农村土地流转》，《人民日报》2015年5月27日。

"要严防死守18亿亩耕地红线，采取长牙齿的硬措施，落实最严格的耕地保护制度"①。在加强种粮农民补贴方面，习近平总书记指出："要稳定和加强种粮农民补贴，提升收储调控能力，坚持完善最低收购价政策，扩大完全成本保险和收入保险范围。"②在提高农业生产效益方面，习近平总书记强调："要创新粮食生产经营模式，优化生产技术措施，落实各项扶持政策，保护农民种粮积极性，着力提高粮食生产效益。"③

习近平总书记发表的一系列重要论述思想深邃、内涵深刻、高瞻远瞩，实现了理论与实践的互动、当下与未来的关照、人民利益诉求与国家发展战略的互促，为新时代新征程深化破解农村土地丢荒问题提供了根本遵循。

（二）变荒为宝，提高土地的经济效益

党的十八大以来，党和国家高度重视土地丢荒、耕地保护、农民增收等问题，就落实最严格的耕地保护制度和解决土地抛荒问题作出部署安排，既重视政策扶持、资金投入，推动丢荒土地

---

① 《坚持把解决好"三农"问题作为全党工作重中之重 促进农业高质高效乡村宜居宜业农民富裕富足》，《人民日报》2020年12月30日。
② 《坚持把解决好"三农"问题作为全党工作重中之重 举全党全社会之力推动乡村振兴》，《求是》2022年第7期。
③ 《习近平关于国家粮食安全论述摘编》，中央文献出版社2023年版，第65页。

复耕复种，又注重农业基础设施、关键技术投入与研发，不断提升农民种粮积极性。全国各地根据党中央部署要求，在政策措施的指导下，不断进行符合当地实际的积极探索，积极推动当地农村土地丢荒问题的集中整治，划定落实粮食耕种土地保护红线，统筹布局农业、生态、城镇等功能空间，积累了丰富经验，取得了显著成效。

1.加强顶层设计，出台指导性制度措施。完善相关制度规定，做好土地抛荒撂荒治理的规划和引导。福建省福州市为贯彻落实国家粮食安全保障体系建设和"藏粮于地、藏粮于技"战略部署，将耕地抛荒撂荒治理工作摆上重要议事日程。2020年4月，结合地方实际在全省率先启动耕地抛荒撂荒整治工作，积极探索遏制弃耕抛荒的有效措施。明确整治耕地抛荒撂荒的范围、工作目标、整治措施等，出台《关于坚决制止耕地抛荒撂荒的通知》《关于调动农民种粮积极性促进粮食生产八条措施的通知》《福州市坚决制止耕地抛荒撂荒工作实施细则》等文件。此外，明确抛荒撂荒耕地复耕后种植粮食作物的奖励措施，为推进政策更好地落地

推动丢荒土地复耕复种，农民喜获丰收

生根、惠及民众起到了积极的促进作用。

2.加大支持力度，盘活抛荒撂荒土地。引导各类农业经营主体盘活抛荒撂荒土地，大力发展壮大乡村产业。福建省在资金支持上，围绕建设优势特色产业集群、现代农业产业园、农业产业强镇进行系列财政帮扶、加大财政支持力度。在公共服务的优化上，开展高素质农民培育计划，加强农村实用人才带头人培育，支持科研机构开展专业技术人员培训。四川省南充市河溪街道在压实责任方面成立撂荒地专项整治工作领导小组，以动员会、专题会、推进会形式切实加强组织领导，压实各级主体责任，及时推动工作落地落实。在强化宣传引导方面，积极运用广播村村通、宣传车、手机微信群、印发宣传资料等多种方法广泛宣传，使广大农民充分认识到保护耕地、恢复撂荒地耕种是自己应尽的义务，增强爱惜土地、种好土地的自觉性，激发农民群众种地热情，为整治工作营造浓厚氛围。在综合施策方面，坚持实施分类政策和综合治理，认真分析撂荒地产生的原因，提高整治的针对性和有效性，利用国家配套的撂荒整治激励政策，有效促进弃撂荒耕地的复垦。各村居按批按计划以发动群众自种、企业流转包种、收归集体统种的复耕复垦方式种植大豆、红薯、玉米、花生、油菜等传统农作物，撂荒土地有序进行复耕复种4000亩左右。

3.坚持因地制宜，打造"农文旅"相结合的发展模式。放活

"农文旅"融合发展，稻田金黄一片，吸引着游客的到来（图源：视觉中国）

思路，拓宽农业产业覆盖面，延伸农业产业链条。近年来，陕西省汉中市佛坪县立足优质乡村文化旅游资源基础，以深化"农文旅"融合为抓手，以塑造乡村文化品牌为目标，连点成片，整合资源，进一步提高"农文旅"融合发展的文化内涵和服务质量，推动"农文旅"产业实现服务标准化、规范化、品牌化，形成了田园观光、民俗风情、农业体验、民宿度假等多种业态的发展模式，有力推动了乡村全面振兴。以全域旅游为"先"，擘画乡村振兴新蓝图。积极培育研学、旅居、康养新业态，形成县域联动、多点纷呈、客源互送的全域旅游发展新格局。以产业支撑为"本"，凝聚乡村振兴强大合力。牢固树立产业发展是乡村振兴的"底盘"，谋产业就是谋振兴，抓产业就是抓发展，累计整合财政资金8.5亿元以上，实施乡村旅游扶贫产业项目47个。以服务设施为"基"，推进城乡服务均等化。坚持全面推进乡村振兴、农业农村优先发展、城乡融合发展，畅通城乡要素流动，不断加大基础设施建设投入力度。以双招双引为"要"，助力乡村振兴大提速。牢固树立"走出去"与"请进来"合作开放战略思路，立足产业优势、资源优势，锁定乡村振兴主题，进一步优化营商环境，加大"农文旅"产业招商引资、招才引智力度，为乡村振兴注入动力源泉。

4.小田变大田，实现土地规模化经营。"小田"变"大田"的有关探索已被列入农业农村部全国农村改革试验区典型案例。2019年，在江苏省农业农村厅指导下，江苏省盐城市亭湖区开展小田变大田改革试点。当地以尊重农民意愿为改革的第一原则，召开村民大会宣传动员，挨家挨户征求意见，近八成村民提出流转需求。"先选地、再划区"，自种户可根据土地确权面积，在靠家、靠路、靠水源的地方优先选择整块土地，社区再将这些选定地块划为"自种区"。可以吃"后悔药"，针对想讨回土地的村民，根据其原先土地确权的面积，为其划出临时过渡地，待流转合同到期再由大户置换出来。这段时间流转金不兑付，相当于未曾流转。试点至今，亭湖区6.6万余户农户的36.22万亩承包地由19.75万块合并成4.08万块，新增高产田4.2万亩以上，土地利用效率进一步提升，农业适度规模经营加快发展。

防止耕地抛荒撂荒是实现农业增效、农民增收的基本要求，对于保障粮食安全、推动农业可持续高质量发展具有重要意义。未来还要切实加强土地抛荒问题的治理与整治，盘活撂荒土地的各类经营主体，切实用好宝贵的土地资源。**一要**建立耕地抛荒撂

荒整治长效机制。进一步贯彻落实中央粮食安全保障体系建设和"藏粮于地、藏粮于技"战略部署，建立健全耕地抛荒撂荒长期预警、整治机制，完善逐步整治系列措施，充分调动农民种粮的积极性主动性，确保抛荒撂荒整治效能常态化。二**要**整合土地资源，加快土地流转。采取系列具有针对性的保障措施，引导农民实现农村土地经营权的有序流转，实现农业生产的适度规模经营，及时化解因无法规模化经营导致的土地抛荒矛盾。土地经营权受让方要依法合理利用土地，不得闲置撂荒。三**要**加大农田基础设施建设力度。根据粮食耕种现实需要，合理布设农业生产所必需的土地平整、土壤改良与培肥、灌溉与排水、农田防护与生态环境保持、农田输配电、科技服务等工作，有效解决耕地立地差、耕作条件差等问题。**四要**强化政策扶持，引导农民复耕撂荒地。健全补贴机制，让农民种粮有账算、有钱赚。鼓励地方出台利用撂荒地种粮的支持政策，进一步提高耕地地力保护补贴的针对性和导向性。对长期撂荒的停止发放补贴，待复耕复种后重新纳入补贴范围，降低农民生产经营风险。

二十三　推进移风易俗，焕发乡村文明新气象

2024年10月1日，河南省信阳市淮滨县谷堆乡村民黄某（新郎）与陈某（新娘）举办婚礼，在接亲过程中，因新郎将18.8万元礼金转账至新娘个人银行账户，新娘家人认为没有直接收到礼金，便阻止婚车离开。公安部门接警后立即赶赴现场处置，新娘顺利出嫁。后谷堆乡和公安部门对新娘哥哥的行为进行训诫，并组织双方调解，由新郎支付新娘家购置嫁妆的费用3万元，至此涉事双方达成和解。10月6日下午，淮滨县召开全县专项会议，强化宣传引导，推进移风易俗，

坚决防止此类问题再次发生。①

　　但是伴随着我国经济社会的发展，一些陈规陋俗并没有自动消失于历史发展的长河中，而是换了新的花样、新的形式存在于一些地区尤其是农村地区。目前的陈规陋俗问题主要表现在高价彩礼、人情攀比、厚葬薄养、铺张浪费、赌博成瘾等方面。**一是**婚丧嫁娶大操大办。天价彩礼掏空了不少贫困家庭多年的积蓄，不少农村青年因为家底子薄拿不出彩礼而成为"剩男"，巨额的婚姻成本、蔓延滋长的攀比之风，也给整个社会风气造成不良影响。目前针对这方面的问题和现象，党和国家已经在文化宣传、制度规定等方面作出努力。**二是**人情攀比盲目成风。近年来人们的收入水平普遍提高，某些地区的"人情风"也随之呈现出越刮越猛的态势。出生、满月、过生日、考学、结婚、丧事等都要摆席，甚至还会相互攀比。注重讲排场、讲面子、讲人情等，不仅给许多家庭造成了严重的负担，而且造成了当地风土人情的"世俗化""物质化"，让人民群众已经不知道何为传统礼俗，忘却了传统礼俗本身的有益价值。**三是**厚葬薄养大行其道。在精准扶贫政策的实施过程中，有些儿女看到孤寡老人可以享受政策，就想方设法让自己的父母住在危旧房中，儿女自己的小家庭却住进新房，把赡养老人的责任和义务完全甩出去。令人感到遗

---

① 《关于网传"男子接亲被加要 18 万彩礼"情况说明》，"淮滨融媒"微信公众号 2024 年 10 月 7 日。

憾与可悲的是，老人去世后，儿女却在丧葬事宜上大讲排场，铺张形式的背后尽显虚伪的孝道。

陈规陋俗的存在有深层次的社会原因：**一是**传统习俗的变味。随着生活水平的提高，人们对彩礼的要求也发生了变化，为了"面子""架子"，邻里之间把收多少彩礼当成相互攀比的资本，原本象征美好的嫁娶之事变了味道。**二是**部分群众盲目跟风。在发生陈规陋俗事件的背后，隐藏着一批盲目跟风的从众心理，这就导致无论有无经济实力，都要与别人争个一二。特别是遇到婚丧嫁娶等事，都要参照"最高规格"去办，一场活动下来的花费对于普通家庭来说是沉重的负担。**三是**文化建设滞后。以上陈规陋俗问题的出现，虽然有风俗习惯的影响，但归根结底还是经济发展水平有限，在文化建设方面投入少，人民群众文化解放和思想解放的程度不够。**四是**组织管理缺位。农村基层组织的管理工作还未适应农村实际形势，部分基层组织过分注重农村经济水平的发展而不顾农村思想道德教育的管理工作，在行动上也较少真正落实有助于提高农民思想道德建设的政策。

（一）培育文明乡风、良好家风、淳朴民风

党的十八大以来，习近平总书记在不同时间、不同场合，多次就遏制农村陋习、推动移风易俗、树立文明乡风作出一系

列重要指示。习近平总书记强调："要弘扬新风正气，推进移风易俗，培育文明乡风、良好家风、淳朴民风，焕发乡村文明新气象。"①

关于创新用好村规民约，习近平总书记强调："要把党的政策用生动通俗的形式宣传好，让广大群众听得懂、能理解。要加强村规民约建设，移风易俗，为农民减轻负担。"②"很多风俗习惯、村规民约等具有深厚的优秀传统文化基因，至今仍然发挥着重要作用。"③关于用好中华优秀传统文化，习近平总书记强调："要整合乡村文化资源，广泛开展农民乐于参与的群众性文化活动。"④关于推动树立文明乡风，习近平总书记强调："改善农民精神风貌，提高乡村社会文明程度。"⑤"要在传统礼俗和陈规陋习之间划出一条线，告诉群众什么是提倡的，什么是反对的。"⑥

习近平总书记关于解决陈规陋俗问题的重要论述，坚持人民至上，立足我国国情农情人情等实际情况，适应当前经济社会发展阶段变化和现代化建设规律，为我们未来扎实有效持续推进移风易俗工作、解决陈规陋俗问题提供了重要遵循。

---

① 《中国共产党宣传工作简史》（下册），人民出版社2022年版，第667页。
② 《习近平关于"三农"工作论述摘编》，中央文献出版社2019年版，第151页。
③ 《习近平关于"三农"工作论述摘编》，中央文献出版社2019年版，第137页。
④ 《习近平关于"三农"工作论述摘编》，中央文献出版社2019年版，第123页。
⑤ 《习近平关于"三农"工作论述摘编》，中央文献出版社2019年版，第22页。
⑥ 《论坚持全面深化改革》，中央文献出版社2018年版，第407页。

（二）繁荣发展乡村文化，持续推进农村移风易俗

新时代党和国家积极推进移风易俗工作，组织开展移风易俗宣教活动，扎实开展高价彩礼、大操大办等重点领域突出问题专项治理，健全文

新时代的文明婚礼

明乡风管理机制和工作制度，乡村社会文明程度进一步提高。全国各地相关部门根据顶层设计积极进行基层探索，同时加大力度，扎实推动，形成了一系列有效有益的实践经验，高价彩礼、人情攀比、厚葬薄养、铺张浪费等陈规陋俗得到有效遏制，婚事新办、丧事简办、孝老爱亲、勤俭节约等文明风尚更加浓厚，不断焕发乡村文明新气象。

1.强化基层党组织的引领带动作用。发挥党员先锋模范作用，做好扭转陈规陋俗的表率。四川省为加大治理农村高价彩礼、大操大办等陈规陋俗的力度，选取部分县（市、区）为第二批省级婚俗改革实验区，各市（州）确立相应的市级婚俗改革实验区。党员干部以身作则带头移风易俗。督促党员、干部自觉抵

制超标准、超规模的婚丧宴席和人情往来，为农民群众作表率，对违反移风易俗规定的党员干部进行相应处理。将党员践行移风易俗情况纳入农村基层党组织年度组织生活会对照检查内容，将专项治理开展情况列入县、乡党委书记抓基层党建工作述职评议考核内容。同时要求各级各相关部门要落实主体责任，加强统筹协调，在治理过程中引导群众广泛参与，营造良好社会氛围，形成文明乡风、良好家风、淳朴民风。

2.推行"积分制"管理激励机制。坚持物质文明和精神文明两手抓，全面打造激励机制。山西省晋城市固县乡以"积分制"为抓手推进移风易俗改革。固县乡把"积分制"当作移风易俗工作的"助推器"，按照"立足需要、量力而为"的原则，各村构建以精神奖励为主、物质奖励为辅的"积分制"应用模式，形成正确价值导向。固县乡元上村作为曾经的省级贫困村，在带领群众脱贫致富的同时，特别注重乡风文明建设，结合"星级文明户"评选要求，专门开辟积分记录栏，围绕"星级文明户"创建的重点任务和突出问题，明确积分事项，主要包含遵纪守法、家庭和睦、邻里和谐、人居环境、勤劳致富等多项内容，实现"星级文明户"创建工作可量化、有抓手。元上村还依托新时代文明实践站，联动村里的电商小超市，每月公示各农户积分排名，鼓励群众自主到实践站或电商小超市兑换日常生活用品，并将积分结果与评先评优、入团、入党、子女入伍、公益性岗位竞聘等挂钩，推动积分在各领域的广泛运用。

3.坚持正面引领、典型示范。充分发挥模范典型作用，树立正确的价值导向。河南省开封市城乡一体化示范区杏花营农场班村提倡"结婚零彩礼"，要求红白事除亲属外，本村乡亲随礼不得超过50元，制定了红白事统一操办标准，规定了宴席菜品的价格不得超过当地的普遍水平。班村党员干部带头形成"不办无事酒席，俭办红白喜事"的良好风气。班村"两委"研究制定了村规民约，统一规定办事标准，设立红白喜事专用场地，厨房、灶具、餐具配套设施完备，实现村内每一件事都在专用场地组织，在接受大家监督的同时，避免了场地重复设置造成的资源浪费。在规定了大家能够接收的规模形式后，帮助人们降低高负荷的排场情面压力，形成了很好的学习效仿效应，并且逐渐形成了村民自觉遵守的规则准则。

4.强化社会主义核心价值观的宣传引领。占据风俗建设的高地，以文明新风取代陈规陋俗。广西壮族自治区隆林各族自治县以改革创新的精神持续深入抓好移风易俗工作，不断"除陋习、树新风"，在当地积极推动社会主义核心价值观日常化、生活化，全面倡导移风易俗，让文明乡风吹遍乡村的各个角落。隆林各族自治县确立"重殓厚葬大操大办、杀牲口扩大化、占道办理白事、治丧时间长且殡乐队过多过久、早婚早育、彩礼过高"六条负面清单，倡导"丧事简办、婚事新办、好事多办、余事不

志愿者入村开展移风易俗宣传活动，弘扬文明新风尚（图源：视觉中国）

办"，县、乡、村三级合力推进，打响破除陈规陋俗攻坚战。组建三十支移风易俗宣讲队，走村入户开展宣传动员。将移风易俗政策、倡议书编写成快板、歌曲、小品、八音坐唱等，用普通话、壮话、苗话三种语言录制，并通过抖音、微信公众号和应急广播等平台进行宣传，确保人人知晓新政策。

农村的陈规陋俗留不得、要不得。彻底革除农村高价彩礼、人情攀比、厚葬薄养、铺张浪费等陈规陋俗，遏制歪风邪气，是民心所向、民生所指，但还任重道远，需要建立健全体制机制，强化持续推动的动力支撑。**一要党员干部以身作则带头移风易俗**。党员干部要带头去做、去执行和落实乡村文化建设，同时要带头破除这些陋俗的影响。选拔政治性强、文化素质好、群众公认度高的党员充实到农村基层组织一线，在农村各项风俗活动中践行文明新风，树立良好导向，深入群众开展宣传，做好群众工作，推动移风易俗。同时要层层压实责任，用制度管好党员，维护好党员干部良好形象，使其在破除陈规陋俗中发挥好带头模范作用。二**要**积极建立务实管用的制度保障机制。推动形成符合各地经济发展水平以及文化风俗习惯的婚丧礼俗倡导性标准，构建农民群众自我管理、自觉践行移风易俗的长效机制；通过完善村规民约中关于婚丧嫁娶、孝亲敬老等内容，明确告诉村民提倡什么、反对什么，具体应该怎样树立文明新风。三**要**调动人民群众的积极性主动性。做好群众的动员工作，通过加大宣传力度、开展教育培训和文明新风创建活动，破除固有的陈规陋俗，通过开展激励表彰活动评选文明模范、形成激励效应，在群众中树立起正确的价值引导；利用好现代乡贤的权威优势，发动群众积极参与到移风易俗、文化建设的活动之中，让崇德向善的良好风尚蔚然成风。**四要**创新宣传教育方式。采取多种方式方法，大力宣传推广移风易俗典型事例和好经验好做法，营造良好的宣传舆论环境。通过集中宣讲，走访交流，张贴宣传标语和倡议书，广播电视、微信公众号、抖音等音视频软件推送的方式，教育引导广大群众树立新型婚丧嫁娶观念，自觉抵制铺张浪费、炫富攀比、大操大办、聚众赌博等陋俗。

为进一步加快推进农村地区清洁取暖，近年来，河北省玉田县有序推进"光伏＋电采暖"工程，安装分布式光伏3.4万余户。进入取暖季后，国网玉田县供电公司的工作人员开始对线路进行巡查检测，检查取暖供电设备，测量暖气温度，确保群众实现清洁温暖过冬。①

当下，要真正实现农村取暖转型升级、打造农村取暖工作新格局，我们还有一些"硬骨头"要啃，还有一些问题亟待解决。这

---

① 《河北玉田："光伏＋电采暖"温暖冬日乡村》，新华网2024年11月13日。

些"硬骨头"主要体现在以下几方面：**一是**"用不起"，即取暖费用问题。清洁供暖需要完善管道、电网等基础设施，加之后期的管理、维护等，使得清洁供暖运行、使用成本增加。**二是**"用不净"，即清洁取暖问题。我国农村地区的冬季能源消费结构中煤炭占有很大的比重，极易造成季节性环境污染。**三是**"用不好"，即取暖成效问题。部分地区曾出现室温不达标、舒适度不佳、群众"挨冷受冻"等现象。

在农村取暖转型升级过程中，农村居民"用不起""用不净""用不好"的主要原因有以下几点：**一是**农村居民人均收入较城镇居民低，虽然政府有相应的补贴政策支持，但是在一定程度上加重了农村居民的经济负担。**二是**我国拥有丰富的煤炭资源，煤炭价格低廉、容易获得，农村尚存在采用分散燃煤小锅炉等方式取暖，煤炭燃烧不充分极易产生大量颗粒物、硫化物和氮氧化物等有害气体和污染物，且因缺乏一些必要的控制程序和净化装置，易造成雾霾等"季节病"。**三是**农村人口分布密度较低，长距离输送会造成一定的热损失，再加上农村建筑重外观而轻保温性能等原因，集体供暖负荷大。因此，解决好农村取暖问题刻不容缓。

（一）冬季取暖是重大的民生工程、民心工程

让家家户户都能温暖过冬，始终是习近平总书记念兹在兹的

一件大事。习近平总书记强调："推进北方地区冬季清洁取暖等6个问题，都是大事，关系广大人民群众生活，是重大的民生工程、民心工程。"①为解决好农村取暖等人民群众普遍关心的民生问题，习近平总书记切实回应人民关切，作出重要指示，谋划、推动、部署农村取暖工作。

党的十八大以来，习近平总书记对稳步推进煤改气、煤改电等重点民生工程建设作出了一系列部署。关于推进供暖低碳转型，习近平总书记指出："推进北方地区冬季清洁取暖。这项工作关系北方地区广大群众温暖过冬，关系雾霾天能不能减少，是能源生产和消费革命、农村生活方式革命的重要内容……尽可能利用清洁能源，加快提高清洁供暖比重。"②关于确保供应安全，习近平总书记指出："推动能源供给革命，建立多元供应体系。"③"煤改气要多方开拓气源，提高管道输送能力，在落实气源的前提下有规划地推进，防止出现气荒。"④关于供暖行业市场化改革，习近平总书记指出："要放开供暖、能源生产和使用等方面准入限制，建立有利于清洁供暖价格机制，支持民营企业进

① 习近平：《从解决好人民群众普遍关心的突出问题入手 推进全面小康社会建设》，《人民日报》2016年12月22日。
② 《习近平关于社会主义生态文明建设论述摘编》，中央文献出版社2017年版，第92页。
③ 习近平：《积极推动我国能源生产和消费革命》，《人民日报》2014年6月14日。
④ 《习近平关于社会主义生态文明建设论述摘编》，中央文献出版社2017年版，第93页。

入清洁供暖领域……要通过发展绿色金融，加大对清洁供暖企业和项目的支持力度。"①关于如何有序、稳慎推进，习近平总书记强调："要研究制定清洁取暖的总体规划，对适宜于集中供暖的，继续推进集中供热并提高清洁化水平；对不适宜集中供暖的广大农村地区以及一些偏远的中小城市、小城镇，主要通过分布式清洁供暖的方式替代散煤取暖。"②"要按照企业为主、政府推动、居民可承受的方针，宜气则气，宜电则电。"③

针对农村取暖等重点民生工程，习近平总书记的讲话为各地开展好农村清洁取暖、集中供暖工作，系统扎实推进煤改气、煤改电等民生工程提供了价值指向与根本遵循，也有助于保证农村清洁取暖、集中供暖工作取得实效。

（二）以系统观念扎实推进农村取暖工作

党的十八大以来，党和国家始终将满足人民日益增长的美好生活需要作为国家发展战略的出发点和落脚点，不断健全保障和改善民生制度体系，统筹推进乡村地区能源消费变革，着力解决

---

① 《习近平关于社会主义生态文明建设论述摘编》，中央文献出版社2017年版，第92—93页。
② 《习近平关于社会主义生态文明建设论述摘编》，中央文献出版社2017年版，第92页。
③ 《习近平关于社会主义生态文明建设论述摘编》，中央文献出版社2017年版，第92页。

用不起、用不好问题。同时，全国各地积极探索解决农村取暖清洁取暖、集中供暖问题，通过统筹协调推进、灵活运用各种补贴支持政策、确保能源安全等举措，及时有效地解决了"返煤"、群众"挨冷受冻"等问题。

1.注重规划引领，做好顶层设计。为发挥政府在农村清洁取暖、集体供暖工作的推进过程中的"主心骨"作用，山东省青岛市政府注重顶层设计和规划，积极承担属地责任，逐渐构建了适合自身发展的工作推进模式。一是通过充分调研和汲取其他城市的成功经验，明确了推进工作的六个环节，即确定市、区清洁取暖任务需求、明确改造任务、组织招投标、组织施工、资料归档与录入、核发补贴。二是明确了各市、区启动、实施、验收和补贴资金发放阶段的时间表，确保工作按时、有序推进。三是针对"气代煤""电代煤"及集中供热等项目确定了不同的推进方案。例如，采用集中供热方式，可依托特许经营权由供热企业等主体按基本建设程序对热源、管网等设施进行改造，从而确保供暖效果。四是要求崂山区、城阳区等各区（市）根据实际情况进一步细化推进方案。随着推广和建设力度不断深入，工作成效显著。

2.保障能源供应安全。为确保农村居民温暖过冬，切实落实好"煤改气""煤改电"政策，确保清洁能源供应通畅，稳定是关键。自2019年以来，内蒙古自治区呼和浩特市"煤改电""煤改气"项目有序推进，累计配套电网117公里，安装变压器450台，配套燃气管网300公里。未来，我国农村地区所使用的能源取暖技术必将更加注重环保和可持续

呼和浩特市玉泉区"煤改电"项目（图源："活力玉泉"微信公众号）

性，持续推进农村地区取暖能源结构绿色转型，增加可再生能源和新能源的使用率，推动更多取暖热力由非化石能源供给。

3.秉持因地制宜的基本原则。"宜"字是我们推进农村清洁取暖、集中供暖的过程中需要遵守的重要原则。山西省长治市通

长子县围绕"节能降碳　你我同行"主题开展清洁能源宣传活动（图源：长子县人民政府网站）

过学习兄弟地区的先进做法、积极参与清华大学和亚洲开发银行等举办的各类论坛，使所辖的长子县成为亚洲开发银行农村清洁取暖试点。长子县在开展石墨烯、空气源热泵热水机、地源热泵等多种清洁取暖方式试点的建设过

程中，注重相关数据的采集、记录与分析，最终确定了包括天然气供暖、电供暖、地热供暖等多种形式组合的区域性农村清洁取暖技术路径。[①]

4.发挥好政府补贴兜底保障作用。要实施清洁供暖、集中供暖，就需要铺设新的设施或者对旧有的设施进行改造升级，加之一些日常维护、运行成本，受经济发展水平影响，有些农村居民不愿意承担这部分费用。为了减轻农村居民的负担、消除他们的顾虑，山东省淄博市充分发挥政府补贴的兜底保障作用，2019年出台相关政策，连续6年对清洁取暖进行补贴，例如在用气方面，每立方米的实际价格是2.7元，农户只需要承担1.7元，剩余1元由政府补贴。2021年煤炭价格攀升，"煤改气"的经济效用越发凸显。清洁取暖、集中供暖真正成为当地农村居民眼中"划得来"的事儿。

5.打造"保温式"建筑。供暖的效果与所居建筑的节能与否有着密切的关系。针对当下农村建筑普遍节能效果不佳的状况，河南省鹤壁市政府积极响应国家节能减排政策，为改善取暖效果，实现能源高效利用，特聘请清华大学、中国建筑科学院有限公司等专业性的机构设计外墙内保温以及吊顶保温等为主的与农村建筑、使用特点相适应的方案。我们通过在墙体内部和屋顶上

---

① 单明、刘彦青、孙涛等：《北方农村清洁取暖区域性典型案例实施方案及经验总结》，《环境与可持续发展》2020年第3期。

加设保温材料，有效减少能量散失，提高建筑的绝热性能，节能效果将提升三分之一左右。[①]农村供暖工程的推进既要暖也要省。农村房屋建筑的"保温式"改造，在提高能源利用率、改善供暖效果的同时，节省了取暖费用。我们要把提高能源利用效率作为高质量发展和乡村振兴的绿色标尺，通过扩大节能技术在农村供暖领域的应用，推进全国农村供暖领域的节能减排工作。

　　6.注重供暖设施运行维护。清洁取暖、集中供暖的相关设施铺设、改造完成以后，后期运行过程中维护和保障由谁来管、怎样管是群众普遍关心的问题。山东省青岛市在招投标文件中就对设备的参数、施工的工艺以及后期运行维护等问题作出了具体、明确的要求，如关于设备的质保期，要求生物质环保炉具不得低于3年，热泵主机不得低于6年等，通过一系列有效举措明确了责任，确保了服务到位。农村供暖是一项全过程的工程，我们不仅要做好事前的规划和事中的执行，同时要注意事后的监督管理。供暖设施改造完成后，明确后期设施的运行维护责任是切实保障群众利益、推进农村供暖改革的重要举措。

　　农村取暖工作是一项长期的、系统性的工程，需要各级政府和相关职能部门绵绵用力、久久为功。随着从中央到地方各级政

---

①　单明、刘彦青、孙涛等：《北方农村清洁取暖区域性典型案例实施方案及经验总结》，《环境与可持续发展》2020年第3期。

府对农村取暖工作，特别是清洁取暖认识的不断深化以及相关工作的稳妥推进，各地已经打造和形成了一系列可资借鉴的模式和经验，农村居民的幸福感、舒适感不断增强。但受到旧有观念和消费习惯的影响，真正解决农村居民取暖问题还有很长的路要走。因此，**一要**坚持政府引导，加大相关政策支持与保障力度，针对"煤改电""清洁取暖"等问题完善供暖补贴、企业支持等政策和相关市场化机制；**二要**因地制宜，结合当地经济发展水平、资源禀赋等，宜气则气、宜电则电，多模式推进并保障农村取暖工作稳步发展；**三要**重点围绕清洁取暖、集中供暖的经济效益、取暖效果等开展观摩教学、现场体验等，提高农村居民参与的积极性与主动性；**四要**充分发挥企业主体作用，完善市场准入制度，优化市场准入环境，积极引导相关企业进入供暖市场，加大科技创新和研发；**五要**健全责任监督体系，保障政策的落实和资金的规范使用，真正打造政府、企业、农村居民协调配合、共同推进的新格局。

阿布洛哈村位于四川省凉山彝族自治州布拖县，该村三面环山，一面临崖，是全国最后一个通公路的建制村。在通村路修建之前，村落由于交通闭塞几乎与世隔绝，村民出行要么徒步攀爬悬崖边的羊肠小道，要么通过溜索过河。由于地质结构复杂、安全风险极高，阿布洛哈村通村路项目的施工难度较大。为早日解决阿布洛哈村村民的出行难题，全长近4公里的通村路项目历时一年完成，村民坐车十几分钟便可出村，"出门水泥路，抬脚上客车"的梦想变为现实。解决农村出行问题，不仅节省了农村人民群众的出行时间，而且释放了农村地区高质量发展的潜在机遇。

当前，农村地区人民群众所面临的出行问题主要体现在以下几个方面：一是"无路可行"，即交通基础设施未完全覆盖到边。二是不够安全，村民出行选择以电动车、摩托车等骑行载具为主，而村庄内部通行区间由于缺乏硬性交规制约，逆行、超速等违规现象较为普遍，为村民出行造成了交通安全隐患。三是不够迅捷，多重因素交织导致村民出行费时费力，造成出村慢、回村难的现象。这些大大小小的出行问题都不同程度地影响了农村地区人民群众的出行体验与生活质量。

总结农村出行问题产生的根源，一是人、车、路发展不协调，农村部分地区的交通基础设施不够完善，通村路、硬化路未能完全覆盖居民生活范围的各个角落；二是农村交通格局在新形势下产生了新情况和新变化，而农村地区交通安全保障体系由于规划滞后尚未跟进完备，交通信号灯、交通标志、标线等必要的交通安全设施不足；三是农村居民的村内通勤以骑行载具为主，恶劣天气、缺乏适宜交通载具等因素会改变村民的出行选择、降低村民出行效率、影响出行体验。

（一）把农村公路建好管好护好运营好

道路通，百业兴。习近平总书记始终心系我国交通事业，牵挂老百姓出行问题，强调："聚焦突出问题，完善政策机制，既要把农村公路建好，更要管好、护好、运营好，为广大农民致富奔小康、为加快推进农业农村现代化提供更好保障。"[①]彰显了习近平总书记对农村出行问题的关切和对交通扶贫的重视。

党的十八大以来，以习近平同志为核心的党中央多次到农村基层听民声、察实情，从实施乡村振兴战略、打赢脱贫攻坚战的高度，调研农村地区人民群众"行路难"问题，并作出了一系列相关部署。关于农村基础设施建设，习近平总书记强调："要把公共基础设施建设的重点放在农村，推进城乡基础设施共建共享、互联互通，推动农村基础设施建设提挡升级，特别是加快道路、农田水利、水利设施建设，完善管护运行机制。"[②]关于农村地区交通安全问题，习近平总书记指出："要加强交通运输、消防、危险化学品等重点领域安全生产治理，遏制重特大事故的发生。"[③]关于可持续交通与交通强国建设，

---

① 《习近平对"四好农村路"建设作出重要指示》，《人民日报》2017年12月26日。
② 《习近平关于"三农"工作论述摘编》，中央文献出版社2019年版，第40页。
③ 《习近平关于总体国家安全观论述摘编》，中央文献出版社2018年版，第12页。

习近平主席指出："建设安全、便捷、高效、绿色、经济、包容、韧性的可持续交通体系，是支撑服务经济社会高质量发展、实现'人享其行、物畅其流'美好愿景的重要举措。中国正在加快建设交通强国，将继续坚持与世界相交、与时代相通，致力于推动全球交通合作，以自身发展为世界提供新机遇。"①

这些重要论述，为我国农村地区交通基础设施建设及我国交通事业的高质量发展指明了前进方向，为逐步消除制约农村发展的交通瓶颈，巩固脱贫攻坚成果、有效衔接乡村振兴奠定了坚实的理论基础。

（二）促进农村交通基础设施建设提质增速

党的十八大以来，以习近平同志为核心的党中央关注交通基础设施建设服务"三农"、助力脱贫致富的重要作用，作出交通扶贫的重要指示，持续拓展农村地区交通基础设施的覆盖范围和通达深度，聚焦农村道路安全隐患，畅通城乡要素流动，大力推进农村地区尤其是贫困地区交通建设提速增质。在党中央的坚强领导下，全国各地纷纷加快推动农村路网等基础设施升级提质，

---

① 《习近平向全球可持续交通高峰论坛致贺信》，《人民日报》2023年9月26日。

夯实支撑乡村振兴的道路基础，一定程度上改善了农村出行问题，提升了群众的获得感和幸福感。

1.持续推动完善"四好农村路"等交通基础设施建设。"四好农村路"的通村达组不仅为农村群众改善了出行条件，也已成为贫困地区走向富裕的重要载体。陕西省宝鸡市曾是著名典故"明修栈道，暗度陈仓"的发源地。由于该市以山地和丘陵地形为主，加之秦岭的最高峰太白山横卧于宝鸡境内，交通基础设施难于修建、难以全面覆盖成为当地的突出短板。基于宝鸡市人民群众多样化的出行与生产生活需求，宝鸡市交通运输部门自2018年来持续推动"四好农村路"示范创建工作，随着交通条件的改善，城市文明、基本公共服务逐步向农村地区纵深覆盖，"无路可行"难题得到根本性解决，人民群众的生活条件和发展空间得到改善。此外，得益于通村道路的畅通无阻和快递行业等交通运输配套服务的入驻和

健全，宝鸡市眉县生产的猕猴桃不再面临"山里货难出"的困境，村民通过网络电商平台便可销售自家生产的猕猴桃等农产品，有效提高了当地村民的收入。

宝鸡市持续推动"四好农村路"示范创建工作
（图源：宝鸡市交通运输局网站）

2.整治农村出行交通安全隐患。随着经济社会的进一步发展，农村交通发展不断产生新情况和新变化。妥善处理影响农村人民群众出行安全的因素与隐患，是进一步解决农村地区出行问题的重要环节。2023年，公安部交通管理局部署各地深入推进农村交通安全责任体系、协同共治力量、劝导管理模式、隐患治理机制、交通安全文化"五大建设"，全力为农村群众出行创造良好道路交通环境。四川省自贡市荣县公安交巡联勤组、各乡镇派出所持续在辖区重点路段开展夏季专项整治行动，采取多点位设卡检查、警车巡查相结合的形式，严查酒醉驾、毒驾、"飙车炸街"、涉牌涉证、超员等重点交通违法行为，形成严管严查高压态势，筑牢交通安全防线，守护群众出行安全。与此同时，荣县公安交警携手培训学校深入辖区农村地区，以群众喜闻乐见的方式常态化开展交通安全下乡联合宣传，积极引导交通参与者树立安全第一的理念，从源头上消除出行安全隐患。

3.推动道路精细化管理。"十四五"期间，随着城乡一体化发展进程的快速推进、高密度公路网加速形成，机动车和驾驶人数量持续大幅增长，多样化、高强度的农村出行需求对公路交通安全设施和交通秩序管理工作提出了更高要求。2022年2月，交通运输部、公安部共同制定了《公路安全设施和交通秩序管理精细化提升行动方案》，通过"公路安全精品路"建设，以点带面，推动提升全国整体实施水平，为人民群众出行创造更加安全的公路交通环境。甘肃省张掖市甘州区新墩镇通过"三抓三促"行动，积极探求道路养护与党建工作契合点，开展"公路精细化养护党性实践活动"，精准完成日常养护任务，精细提升交通安全设施水平，营造良好路域环境，更好地服务群众安全便捷出行，有效实现了"畅、安、舒、美"的农村公路养护目标。

4.畅通城乡要素流动，推动农村居民便捷出行。在高质量发展与城乡一体化进程加速推进的时代背景下，农村乡镇地区

城乡公交一体化，方便城乡居民出行

的交通配套设施的转型升级是解决出行"慢"的关键，也是畅通城乡要素流动的重要因素。通过完善农村公交网，促进农村客运的转型升级，并将城市公交与农村客运相融合，方便村民"走出去"资源"流进村"。

四川省资阳市安岳县于2019年底实现了乡镇和建制村100%通客车，通过转型升级，采取城市公交延伸、农村客运公交化改造，实现了村民"出了家门上车门、下了车门进家门"的美好愿景。此外，该县启用农村客运"小黄车"等创新路径，为村民提

供了只要一个电话就能实现"全镇接、全城送"的便捷出行服务。如今，在安岳县纵横交错的城乡公路上，一辆辆公交车、"小黄车"穿梭来往，成为沿线群众进城赶集、探亲访友、商贸往来的"赶集车""便民车""致富车"。

脱贫致富靠发展，发展先行是交通。2024年11月，国务院新闻办公室发布《新时代的中国农村公路发展》白皮书，农村地区"行路难"问题得到历史性解决。随着中国式现代化的不断推进，农村公路事业迎来重大历史机遇期，我们要奋力书写好农村公路新篇章，助力建设交通强国。**一要**持续拓展农村地区交通基础设施的覆盖范围和通达深度，建设可靠和可负担的交通基础设施，确保"四好农村路"覆盖到位，逐步消除制约农村发展的交通瓶颈；**二要**聚焦影响农村交通安全的多重因素，加强隐患治理与道路精细化管理，增强村民守法出行的安全意识，妥善应对新形势下农村交通发展的新情况和新变化；**三要**推动道路精细化管理，精准实施日常养护任务，精细提升交通安全设施水平，营造农村良好路域环境；**四要**坚持问题意识和问题导向，深入调研农村群众出行需求，为畅通城乡要素流动创设便捷出行的交通条件，提高农村居民出行的舒适度、满意度。

二十六
解决农村留守儿童和妇女关爱救助问题，
让他们感受到社会主义大家庭的温暖

2023 年夏天，"一个留守儿童的暑假自述"引起了人们的广泛关注。作者是一个从小就被父母留在农村奶奶身边的孩子，父母在城市打工，他每年只能在春节和暑假与父母见面，他回忆了自己在不同年份的暑假生活，描述了与父母相聚的喜悦和分别的不舍，以及在城市中生活的新鲜和困惑。作为留守儿童，作者在感受父母的辛苦和爱的同时，也意识到由于从小到大与父母聚少离多，自己与父母之间依旧存在距离感和陌生感。作者用亲身经历展现了留守儿童的现实问题和心理需求。类似这样特殊的成长故事让社会大众了解到农村留守儿童的真实境况和现实困境。

在推进中国式现代化进程中，随着农村劳动力向城市加快流动，农村留守儿童和妇女的数量在逐年增加。虽然我们不断完善相关政策，积极构建农村留守群体关爱服务体系，但其中仍然存在一些问题。农村留守儿童方面存在的问题主要体现在：**第一**，心理健康状况堪忧。部分留守儿童与父母沟通、联系较少，平时易产生焦虑、烦躁等负面情绪，以致不善与人交往，性格孤僻。**第二**，教育面临困境。农村地区整体教育水平比较落后，由于父母不在身边，缺少家长的监督和指导，留守儿童的学习成绩往往不理想。农村留守妇女方面存在的问题主要体现在：**第一**，在生产、生活等多重压力下，留守妇女缺乏安全感，对自我生活的满意度和幸福感下降。**第二**，文化生活匮乏，压抑、无助的情绪压力难以排解，长此以往，导致其患心理疾病和慢性病的风险上升。**第三**，留守妇女往往文化程度不高，工作机会少，个人价值难以实现，缺乏来自社会的就业关爱服务。

农村留守儿童和妇女缺乏关爱的问题因何产生？究其原因，**一是**关爱与精神支持缺失。家庭、社会对农村留守儿童和妇女问题的关注简单集中于物质生活，通常认为只要满足了他们的物质需要就可以有效解决留守群体的问题，对他们心理健康、精神健康、职业发展等方面的问题关注较少。**二是**受地区经济发展水平限制。受地区经济发展水平的限制以及政策落实上的影响，农村地区在基础设施建设、教育培育、岗位供给等方面还存在短板，难以满足留守儿童、妇女接受更好更高质量教育、实现自身发展的需求。**三是**基本公共服务制度体系还不完善。社会服务体系建设中依旧面临人力、物力、财力等方面资源不足的情况，政府领导、部门负责、全社会参与的协同运作机制有待完善。**四是**相关法律法规不健全。农村留守儿童和妇女属于弱势群体，他们的亲属长期外出务工导致监护缺位，他们的身心健康、合法权益往往容易受到侵害和侵犯，但现行法治体系尚未形成全面、有效的保护合力，对农村留守儿童和妇女的保护强度和力度仍有待加强。

（一）用心关爱服务留守儿童和妇女

解决好农村留守儿童和妇女关爱救助问题关涉乡村振兴和共同富裕的实现。习近平总书记一直高度重视农村留守群体关爱问题，强调"健全农村留守儿童和妇女、老年人关爱服务体系"[①]，"让他们感受到社会主义大家庭的温暖"[②]。习近平总书记的重要指示深刻展现了我们党始终如一的人民立场和价值追求，

[①] 《习近平关于"三农"工作论述摘编》，中央文献出版社2019年版，第41页。
[②] 习近平：《在全国劳动模范和先进工作者表彰大会上的讲话》，人民出版社2020年版，第9页。

巾帼志愿者组织留守儿童参观革命传统教育基地
（图源：视觉中国）

为新时代新征程妇女儿童事业发展注入了无穷动力。

党的十八大以来，习近平总书记秉持人民至上的理念，把社会保障体系建设摆在更为突出的位置，围绕如何解决农村留守儿童和妇女的困难及需求问题发表了一系列重要论述。在保障农村留守儿童和妇女的合法权益方面，习近平总书记强调"维护好这些群众合法权益是一件大事"①，要求"加快补齐农村发展和民生短板"②，"依法打击农村黄赌毒和侵害妇女儿童权益的违法犯罪行为"③，"健全保障妇女儿童合法权益制度"④，加强对留守儿童、妇女等特殊和困难群体的关心关爱。在相关部门切实履职尽责方面，习近平总书记指出"让农村留守人员生活得踏实、安全、无忧，是各级党委和政府特别是基层党委和政府的重大责任"⑤，"要从完善政策、健全体系、落实责任、创新机制等方面入手……处理好政府和群

---

① 《习近平关于"三农"工作论述摘编》，中央文献出版社2019年版，第129页。
② 《习近平关于"三农"工作论述摘编》，中央文献出版社2019年版，第25页。
③ 《论"三农"工作》，中央文献出版社2022年版，第230页。
④ 《党的二十届三中全会〈决定〉学习辅导百问》，党建读物出版社、学习出版社2024年版，第41页。
⑤ 《习近平关于"三农"工作论述摘编》，中央文献出版社2019年版，第130页。

众利益关系，从源头上预防减少社会矛盾，做好矛盾纠纷源头化解和突发事件应急处置工作，做到发现在早、防范在先、处置在小，防止碰头叠加、蔓延升级"[1]。在体制机制建设方面，习近平总书记指出"推动形成城乡基本公共服务均等化体制机制"[2]，"探索建立贫困地区学前教育公共服务体系"[3]，"抓紧完善相关政策措施，健全农村留守儿童、留守妇女、留守老年人关爱服务体系，围绕留守人员基本生活保障、教育、就业、卫生健康、思想情感等实施有效服务"[4]。在加快基础设施建设方面，习近平总书记要求"创新农村基础设施和公共服务设施决策、投入、建设、运行管护机制，积极引导社会资本参与农村公益性基础设施建设"[5]，"逐步建立全域覆盖、普惠共享、城乡一体的基础设施服务网络"[6]。

这些重要论断为新时代的工作指明了方向，提供了价值指向与根本遵循。为扎实推进我国农村留守儿童和妇女关爱救助工作，我们必须从全面建设社会主义现代化国家和实现全体人民共同富裕的战略高度出发，有效构筑起关爱农村留守儿童和妇女的体制机制，打通"最后一公里"，切实把农村留守儿童和妇女的基本生活与合法权益维护好保障好。

---

① 《习近平关于"三农"工作论述摘编》，中央文献出版社2019年版，第131页。
② 《习近平关于"三农"工作论述摘编》，中央文献出版社2019年版，第35页。
③ 《习近平关于"三农"工作论述摘编》，中央文献出版社2019年版，第169页。
④ 《习近平关于"三农"工作论述摘编》，中央文献出版社2019年版，第130页。
⑤ 《习近平关于"三农"工作论述摘编》，中央文献出版社2019年版，第35页。
⑥ 《习近平关于"三农"工作论述摘编》，中央文献出版社2019年版，第46页。

（二）推动农村留守儿童和妇女关爱救助工作实现高质量发展

党的十八大以来，以习近平同志为核心的党中央坚持以人民为中心的发展思想，在加强农村留守儿童和妇女社会保障、社会救助、情感关爱等方面做了大量工作，国家出台《国家贫困地区儿童发展规划（2014—2020年）》《乡村振兴战略规划（2018—2022年）》《关于加强农村留守妇女关爱服务工作的意见》等一系列政策法规。同时，全国各地在实践中稳步推进，逐步落实党中央关于农村留守儿童和妇女关爱救助的政策，着力解决关爱服务体系不健全、配套设施不完善等问题。

1.充分发挥好政府的主导作用。努力推动建立民政部门牵头的领导协调机制和部门联动协作机制。安徽省六安市舒城县坚持贯彻以政府为主导的留守儿童和妇女关爱服务创新模式，制定相关政策制度，细化各部门职责分工，成立专项基金，确保政策的有效落实。县政府利用节假日的文娱活动以及亲子视频站点平台等，增进了留守儿童与父母的沟通，也为他们的成长提供了正确的指引；妇联通过组织讲座、活动等为留守妇女解疑释惑。

2.强化政策引导与支持。只有不断健全政策保障机制，以政策的形式对工作的内容、职责等加以明确和规定，才能保证工作的有效运转，才能达成预期的目标和任务。湖南省湘潭市密切关注农村留守儿童成长，湘潭市雨湖区人民政府、湘潭市民政部门发布《关于加强农村留守儿童

当地政府为留守妇女组织就业培训（图源：视觉中国）

关爱保护工作的实施方案》《"童享未来"湘潭市农村留守儿童关爱保护和困境儿童保障试点项目实施方案》等政策文件。在关爱农村留守妇女方面，湘潭市人民政府制定、出台了《湘潭市农村适龄妇女"两癌"免费检查工作方案》《湘潭市妇女发展规划（2021—2025）》等政策文件，在后期的调查中，六成以上的留守妇女认为政府或者其他机构对她们提供了帮助。

3.为关爱服务提供坚实资金保障。农村留守儿童和妇女关爱服务必须要有资金的支持，必须健全投入保障机制。2023年上半年，贵州省民政厅以"提标、扩面、增效"为重点积极推进困难群众救助工作，要求各地将城乡低保、孤儿基本生活保障等困难群众救助资金纳入本级财政预算，要在不断推动支出结构优化、统筹资金的同时，注重资金调度，增强资金有效供给；下拨2500万元资金，支持534个村（社区）新建儿童之家；安排资金

180万元，支持社会组织开展未成年人关爱保护、留守妇女关爱等工作。多渠道的资金投入使工作取得了显著成效，为农村留守儿童和妇女提供了更多的福利和保障，帮助他们改善了生活条件，实现了自我发展。

4.加强人才队伍建设。一支专业、稳定的关爱服务队伍有利于服务体系的高效、可持续运转，有利于推动工作的纵深发展。河南省洛阳市洛龙区在助力留守儿童健康成长上，注重人才队伍的建设，不仅为留守儿童配备专职辅导教师，还招募教育、心理学等专业爱心人士为他们的生活、学习提供一体化保障服务；同时为提升留守儿童的保护意识、开拓他们的思维和眼界，政府定期组织专业志愿者为他们提供普法宣传、心理咨询等。在今后的工作中，必须发动更多有志之士投身农村留守儿童和妇女关爱服务体系建设和乡村振兴的阵营中。

5.积极动员社会力量。推进、做好农村留守儿童和妇女关爱救助工作不是政府"一家"的事情，是全社会的共同责任，需要各类志愿者协会、企业等社会多元力量的参与和支持。甘肃省临夏回族自治州积极打造社会各界多方协调的关爱模式。临夏回族自治州妇联争取到中国儿童少年基金会、腾讯公益慈善基金会以及甘肃省妇女儿童发展基金会的"春暖行动""春蕾计划"等公益项目345万元资金支持，惠及临夏回族自治州3751名妇女儿童，17027名中小学生通过"爱心书箱""知识星光"公益计划图书项目受益。社会各界凝聚起的关爱合力为问题的解决提供了重要支持和有效补充。

农村留守儿童、妇女的关爱救助问题是我们在推进乡村振兴战略实施过程中需要下大气力去解决的问题。**一要**落实好主体责任。地方党委政府坚持以人民为中心的发展思想，制定出台具体落实方案与举措，明确责任分工，确保工作落实到人、落实到事，同时注重加大财政资金的投入与支持，切实履行好保基本、兜底线职责。二**要**各相关部门协同发力。在党委政府的领导下民政、妇联等部门以及一些公益的团体组织等要创建平台，组织教育、技能培训、心理健康等活动，丰富各类活动内容，汇聚解决好这一问题的社会合力。三**要**强化基层治理。乡镇人民政府（街道办事处）和村（居）民委员会要不断提升治理效能，注重摸底排查，重点排查一些残疾重病的家庭，建立相关台账并及时追踪、更新数据库，精准到户，落实各项关爱政策。**四要**社会力量积极参与。鼓励热心人士和企业等通过对留守儿童进行资助、提供专业社会服务支持等，形成关爱合力。要群策群力，共同做好农村留守儿童、妇女的关爱服务工作，在确保农村家庭幸福、充满生机活力的基础上，扎实推进乡村全面振兴，促进城乡共同繁荣发展。

二十七 文化供给从『缺不缺、够不够』
向『好不好、精不精』转变

　　风景秀丽，环境整洁，文化礼堂设施齐全，但几乎没有文化活动，偶有村民过来下下棋。这是浙江大学公共管理学院李超平副教授第一次来浙江省杭州市萧山区河上镇凤凰坞村调研时看到的情景。村干部说："大家忙着挣钱，对文化活动没什么兴趣。"在当时的萧山，文化礼堂利用率低、基层群众对文化活动"无感"，凤凰坞村并不是个例。与发达的经济相比，公共文化尤其乡村公共文化发展不足，一度成为基层文化服务的一大短板。如何打通精神文化服务的"最后一公里"是当前亟须破解的难题。多年来，虽经过积极探索和实践，人民群众的基本精神文化需求得到满足，基本公共文化服务体系日益完善和健全，但是人民群众日益多样化、多元化的精神文化需求得不到有效满足仍是一个现实问题，凤凰坞村的窘境就是一个典型的缩影。

当前人民群众精神文化需求问题主要表现在以下几个方面：**一是**精神文化活动单调。随着我国经济社会的发展和物质生活水平的提高，人民群众的精神文化需求迅速增长，但当前现有的广场舞、演出等精神文化活动较为单一，吸引力不大，尤其是农村地区只有在传统的节日才会有秧歌、大鼓等民俗活动，无法满足人民群众思想的多元化发展。**二是**精神文化产品内涵匮乏。当前我国精神文化产品中文艺精品较少，一些文化产品内容空洞、形式雷同，缺乏文化主旨和精神内涵，某些"流量明星""流量主播"凭借搞笑逗乐博取"粉丝"的追捧与关注，内容和风格庸俗、浮夸、肤浅，挤压了优秀作品的发展空间。**三是**精神文化的享受层次不平衡。当前农村地区精神文化活动的内容、形式以及配套设施都远远低于城市标准，导致文化结构出现断层，农村居民的多样化需求得不到满足。

总结当前精神文化需求存在问题的原因，**一是**文化基础设施总量不足。由于各地区经济发展水平不同，文化设施建设也凸显出不均等的差异。比如，我们在大中城市经常看到的展览馆、博物馆、美术馆等基本的文化设施，在很多小城市及偏远地区就很难见到。**二是**精神文化产品分布差别较大。大中城市等发达地区文化产品品种多、数量大，文化产品相对多样，而农村地区等偏远地区的文化产品则相对单一匮乏。**三是**精神文化事业投入力度不均衡。大中城市的文化投入相较于小城市及农村地区来说，较多且集中，而农村地区基本公共文化服务则有待健全，除了政府投资外很难吸引其他投资。**四是**精神文化产品良莠不齐。"快餐式"文化泛滥，文化产品良莠不齐，很大程度降低了社会大众的文化生活质量。真正解决好精神文化建设"好不好""精不精"的问题是满足人民群众对美好生活向往所必须解决的关键问题。

（一）更好满足人民精神文化生活新期待

物质富足、精神富有是社会主义现代化的根本要求。习近平总书记以高瞻远瞩的战略眼光、深沉坚定的文化自信高度重视丰富精神文化建设，始终强调："更好满足人民精神文化生活新期待……我国文化供给的主要矛盾已经不是缺不缺、够不够的问题，而是好不好、精不精的问题。"[①]习近平总书记对满足人民精神文化生活新期待的高度重视，彰显了人民性、科学性、发展性的文化视野。

[①] 《习近平关于社会主义精神文明建设论述摘编》，中央文献出版社2022年版，第256页。

　　党的十八大以来，以习近平同志为核心的党中央始终把丰富人民精神生活、推进文化自信自强放在党和国家事业发展的重要位置，提出一系列新思想、新观点、新论断，为新时代精神文明建设指明了前进方向。在精神文化建设的导向方面，习近平总书记指出："要强化社会主义核心价值观引领，加强爱国主义、集体主义、社会主义教育，发展公共文化事业，完善公共文化服务体系，不断满足人民群众多样化、多层次、多方面的精神文化需求。"①在精神文化建设的内容方面，习近平总书记强调："要深入开展群众性精神文明创建活动，广泛开展社会公德、职业道德、家庭美德、个人品德教育，不断提升人民文明素养和社会文明程度。要加强公共文化设施建设，推动文化产业高质量发展，更好满足人民精神文化生活新期待。"②在精神文化建设的城乡差距方面，习近平总书记指出："着力提升公共文化服务水平，让人民享有更加充实、更为丰富、更高质量的精神文化生活。要推进城乡公共文化服务体系一体建设，优化城乡文化资源配置，完善农村文化基础设施网络，增加农村公共文化服务总量供给，缩小城乡公共文化服务差距。"③

---

① 习近平：《扎实推动共同富裕》，《求是》2021年第20期。
② 《习近平在深圳经济特区建立40周年庆祝大会上的讲话》，《人民日报》2020年10月15日。
③ 《习近平在教育文化卫生体育领域专家代表座谈会上的讲话》，《人民日报》2020年9月23日。

这些重要论述坚持以人民为中心的工作导向，具有很强的思想性、理论性、现实性和指导性，为党和国家事业开创新局面，切实解决好精神文化发展从"缺不缺、够不够"到"好不好、精不精"问题提供了根本遵循。

（二）抓好精神文化建设，丰富人民精神世界

党的十八大以来，党和国家始终把满足人民精神文化生活需求放在重要战略地位，制定出台国家基本公共服务标准，稳步推进公共文化服务均等化建设，以数字技术打造数字图书馆、国家公共文化云平台、云端博物馆等内容丰富的智能化服务，着力满足人民群众多样多元的精神文化需求。同时，全国各地积极探索优化公共服务的新路径，以更便捷、更高效的方式保障人民群众的基本文化权益。

1.大力推进公共文化服务均等化。积极推进公共服务均等化是保障人民文化权益、改善人民生活品质、补齐文化发展"短板"的重要途径。针对乡村文化站设施陈旧、服务跟需求脱节等问题，湖南省长沙市全面实施以乡镇（街道）和村（社区）为重点的公共文化设施补短板强弱项工程。近年来，长沙市每年将连续建设100个标准化村级综合性文化服务中心纳入10件民生实事工程。长沙市将全市文化站图书馆（室）和乡村图书馆（室）全部纳

入图书馆总分馆服务体系，根据需求及时流转更换，年更换图书32万册，读者在家门口就能享受便捷的阅读服务。村民肖铎表示能及时享受到阅读的快乐，"全长沙图书馆的书都能在这借还，书跑腿，我们享福"。此外，长沙市大力打造高标准的乡镇综合文化站，赢得了村民们的交口称赞，培训教室、书法室、服装室、图书室等一应俱全，传统文化展、高科技展、VR（虚拟现实）自行车骑行等吸引了不少村民和游客。这里不仅服务好、环境好，而且功能布局合理、内容形式多样。村民胡慧参加了文化站开展的书法培训，既享受到免费的高质量专业培训，又提升了自身文化素养。长沙市基层文化阵地正处在由"有没有"向"好不好、均不均"转变的重要时期，着力打造更贴心、更暖心的公共文化服务。

2.加大精神文化产品投入。扩大优质文化供给，丰富精神文化产品，以更多优质的精神产品满足人民群众的需要。近年来，四川省围绕党和国家事业发展大局，加快公共文化服务体系建设，最大限度调动和激发基层公共文化服务的动力活力，以发挥公益电影队伍和平台作用为切口，围绕公益电影主线，在形式上拓展映前宣传、志愿者宣讲、宣传单发放、流动农家书屋等延伸服务；在内容上增加了党史学习、弘扬社会主义核心价值观、乡村振兴等多个主题。四川省各地切实通过创新服务形式、丰富服务内容、延伸服务领域等发展精神文化产品，成都市每年给涉农

雅安市为群众放映主旋律电影（图源：雅安市人民政府网站）

社区居民放映上万场电影；攀枝花市为彝族群众送去彝语影片；雅安市建立完善固定放映点，为群众"量身定制"主旋律电影；宜宾市建立中影上罗红色教育影院，着力打造乡镇文化综合体模式。四川省屏山县大乘镇大乘社区党群服务中心，充分发挥电影放映覆盖面广、频次高、贴近群众的优势，组织了"公益电影+学习强国"的活动，吸引了众多村民参与，通过用电影屏幕投影出"学习强国"双人对战赛的答题界面，既增加了趣味性又富有知识性。

3.以数字化建设打通"最后一公里"。数字化技术的发展，能够在拓展精神文化服务空间的基础之上，有效深入基层，极大提高文化服务的便利性、覆盖率和互动性。近年来，黑龙江省文化和旅游厅先后启动了智慧图书馆建设、智慧文化馆建设、智慧博物馆建设等数字化建设，并将数字文化资源持续送到乡镇村屯、田间地头。黑龙江省齐齐哈尔市富裕县每个文化站都配备了集春耕知识、文学作品、舞台艺术、养殖技术、影视欣赏等功能于一体的数字文化一体机，极大地满足了基层群众多元多样的文化需求。此外，河南省许昌市推出"个性定制""点单式"供给模式，通过文化云、智慧文旅等公共服务数字化平台，广大群众足不出户就能提交需求、预约场馆、报名活动、评价服务，还可以兑换积分，根据个人兴趣爱好自主选择自己喜欢的数字阅读、展览讲座、艺术培训等，实现了社区公共文化服务供需精准对接，为人民群众精神文化生活带来切实好处。

4.加大对文化市场的管理。文化市场自身具有局限性，所以需要政府发挥宏观调控作用，加强对文化市场的管理，让文化市场更加健康有序。北京市东城区市场监督管理局自成立以来，高度重视市场监督管理文化建设，以突出先进性、导向性、特色性为目标，以标准化手段助推文旅企业强化管理规范。在具体实践中，东城区市场监督管理局精心打造了以"做实'六字'文章、实施'六力'提升"为主题的市场监督管理所特色文化品牌，以推进文化建设提升市场监督管理队伍凝聚力、竞争力、创新力，加速市场监督管理队伍融合，推动市场监督管理事业健康发展。内蒙古自治区鄂尔多斯市乌审旗文化市场综合行政执法局充分发挥市场监督管理职能，不断加大文化市场执法检查力度。采用明察暗访、"双随机、一公开"等形式，严厉打击文化旅游市场领域违法违规行为。自2022年以来，下达责令改正通知书23份（相关企业已全部整改完成），约谈警告9家，送达签署《规范宣传标语标识审核流程告知书》106份，全力维护文化市场经营秩序，助推文化市场繁荣发展。

当前，我国精神文化服务水平不断提升和完善，但满足人民群众多样化、多层次、多方面的精神文化需求仍任重道远。**一要**深入推进文化体制改革。针对基层公共文化服务供给与群众需求不平衡、不充分问题，必须在文化制度和体制方面作出改革，逐渐完善公共文化服务体系，切实提升服务实效。这既需要文化事业及公共文化服务供给切实符合人们真正的精神文化需求，又需要文化产业的产品供给加强文化创新创造，丰富文化产品体系。**二要**健全精神文化服务体系。规划并建设精神文化惠民项目，增添新的文化基础设施，建造充足的公共文化活动场所，组织多种多样的文化活动，更好地满足基层群众需求。**三要**数字赋能精神文化生活。将云计算、大数据、区块链、人工智能等新技术融入精神文化发展中，推动公共文化场所的数字化改革，使人民群众都能享受到高质量的精神文化生活。**四要**聚焦创作生产优秀作品，深入生活、

融入数字技术的孔子博物馆（杨超拍摄）

扎根人民，既生产为普通人民群众所接受的"通识类"产品，又能生产为"专业性"人才所接受的产品，让人们享有更加充实、更为丰富、更高质量的精神文化生活。

二十八　精心守护文化遗产，
更好传承历史文脉

邵阳蓝印花布印染技术是国家级非物质文化遗产。湖南省邵阳市，自明清时期就是华南乃至西南地区最大的蓝印花布生产、销售中心，因而也被誉为"蓝印花布之乡"。但是从20世纪五六十年代开始，蓝印花布渐渐退出市场，到1986年，邵阳市五丰镇最后一家印染作坊倒闭。近年来，随着国家对民族民间文化保护工作力度不断加大，蓝印花布在邵阳重新焕发生机。一个棘手的问题是传承人普遍年龄偏大，最大的传承人已经90多岁。由于传承人的后人不愿学习蓝印花布的相关技艺，当地政府只好指派文化馆干部去学习，先把技艺从这些传承人手中抢救挖掘出来，避免出现"人亡艺绝"的情况。多年来，经过积极探索和改革，非物质文化遗产（简称"非遗"）保护和民俗发展取得显著成效，但老一辈传承人渐渐老去，传承人年龄断层、技艺失传仍是非遗保护、民俗发展的一道难题。邵阳蓝印花布的技艺传承就是一个典型的缩影。

当前非遗、民俗传承后继无人、断档脱节主要体现在以下三个方面：**一是**非遗和民俗传承人断档。非遗和民俗传承梯队断档、队伍老龄化问题棘手，相关数据显示，全国国家级非遗传承人约六成已经超过70岁，若不对非遗和民俗技艺传承进行抢救与保护，会出现后继无人的局面。**二是**非遗和民俗传承渠道不足。例如，"老字号"拥有世代传承的独特产品和精湛技艺，但在当今无法用合适的渠道向更多年轻人传播，无法准确提炼、传达"老字号"本身的精神价值，导致部分"老字号"不敌"新网红"，面临"表达难"的困境。**三是**非遗、民俗产品陈旧，创新力不足。非遗和民俗是中华文化的"瑰宝"，但因缺乏创新与表达，加之自主产品少而精、覆盖面窄等问题，令年轻消费者难以接近，文化价值有待进一步挖掘。

总结当前非遗、民俗传承后继无人、断档脱节的原因，**一是**技艺学习周期长。非遗、民俗本质上是技艺，以传承人的时间、物质为支撑。非遗、民俗技艺传承多为师徒制，制作费时费力，学徒想要系统地学习制作工艺，需要长达几年甚至几十年的时间，在这样的时间成本之下，得到的回报却入不敷出。二是受"市场萎缩"客观因素困扰，"学而无用"思想蔓延。随着社会生活不断进步，科技更新换代，受新的生活方式、思维方式、审美观念影响，大多数手工艺处于比较低迷的状态，如何为其注入创新动力走进现代生活是非遗和民俗文化传承面临的巨大考验。三是非遗、民俗文化宣传推介和普及力度不够，导致社会公众尤其是年轻一代对非遗的认知不足、重视不够、保护意识不强、参与程度不深。四是非遗、民俗传承人认定和保护制度不完善。目前，我国采取代表性非遗传承人认定制度，存在认定方式单一、一般性传承人的权益没有保障、缺乏造血式的私权激励等问题。

（一）把老祖宗留下的文化遗产精心守护好

非物质文化遗产是中国人"记得住的乡愁"，是中华优秀传统文化的重要组成部分。习近平总书记高度重视非遗保护工作，多次强调："加强文化和自然遗产的整体性、系统性保护，切实提高遗产保护能力和水平，守护好中华民族的文化瑰宝和自然珍宝。要持续加强文化和自然遗产传承、利用工作，使其在新时代焕发新活力、绽放新光彩，更好满足人民群众的美好生活需求。"①体现了对历史文物和历史遗迹的深切关怀，彰显了深邃的历史眼光和深厚的文化情怀。

党的十八大以来，以习近平同志为核心的党中央站在传承中华优秀传统文化的战略高度，对非物质文化遗产保护工作作出一系列重大决策部署，不断完善非遗保护制度，搭建起我国非遗保护的"四梁八柱"。在非物质文化遗产保护方面，习近平总书记指出："历史文化遗产是不可再生、不可替代的宝贵资源，要始终把保护放在第一位。"②"要扎实做好非物质文化遗产的系统性保护，更好满足人民日益增长的精神文化需求，推进文化自信自强。"③"历史文化遗产承载着中华民族的基因和血脉，不仅属于我们这一代人，也属于子孙万代。要敬畏历史、敬畏文化、敬畏生态，全面保护好历史文化遗产。"④在非物质文化遗产传承方面，习近平总书记强调："要加强非物质文化遗产保护和传承，积极培养传承人，让非物质文化遗产绽放出更加迷人的光彩。"⑤

---

① 《守护好中华民族的文化瑰宝和自然珍宝 让文化和自然遗产在新时代焕发新活力绽放新光彩》，《人民日报》2024年8月7日。
② 《习近平在山西考察时强调：全面建成小康社会 乘势而上书写新时代中国特色社会主义新篇章》，《人民日报》2020年5月13日。
③ 《扎实做好非物质文化遗产的系统性保护 推动中华文化更好走向世界》，《人民日报》2022年12月13日。
④ 习近平：《加强文化遗产保护传承 弘扬中华优秀传统文化》，《求是》2024年第8期。
⑤ 《习近平在广东考察时强调 以更大魄力在更高起点上推进改革开放 在全面建设社会主义现代化国家新征程中走在全国前列创造新的辉煌》，《人民日报》2020年10月16日。

以人为本、活态传承，非物质文化遗产才能世代相传、亘古绵延。在非物质文化遗产发展方面，习近平总书记指出："要推动中华优秀传统文化创造性转化、创新性发展，不断增强中华民族凝聚力和中华文化影响力，深化文明交流互鉴，讲好中华优秀传统文化故事，推动中华文化更好走向世界。"① "要让更多文物和文化遗产活起来，营造传承中华文明的浓厚社会氛围。要积极推进文物保护利用和文化遗产保护传承，挖掘文物和文化遗产的多重价值，传播更多承载中华文化、中国精神的价值符号和文化产品。"②

习近平总书记对非遗传承工作的一系列重要论述秉持赓续传统、修复生态的文化发展战略，指明了我国非遗事业在发掘保护、传承发展中的前进方向，为非物质文化遗产的可持续发展注入了强大生命力。

（二）让非物质文化遗产绽放出更加迷人的光彩

党的十八大以来，以习近平同志为核心的党中央对传承发展非物质文化遗产高度重视、对非遗传承人倍加关怀。党和国家在

---

① 《扎实做好非物质文化遗产的系统性保护 推动中华文化更好走向世界》，《人民日报》2022年12月13日。

② 《把中国文明历史研究引向深入 推动增强历史自觉坚定文化自信》，《人民日报》2022年5月29日。

实践中深入贯彻落实"保护为主、抢救第一、合理利用、传承发展"的工作方针，深入实施非物质文化遗产传承发展工程，切实提升非物质文化遗产系统性保护水平。同时，全国各地也积极探索非遗事业创造性转化、创新性发展的新路子，着力解决好非遗传承"后继无人、断档脱节"等问题，让非物质文化遗产绽放出更加迷人的光彩。

1.因势利导，开辟发展空间。非物质文化遗产是中华文明绵延传承的生动见证，政府的财政投入和政策支持能够为非遗传承和利用提供极大的助力和动力。绍兴黄酒、绍兴铜雕、王星记扇、嵊州竹编、越窑青瓷、会稽铜镜……在浙江省绍兴市越城区北海街道，首个"绍兴非遗客厅"坐落于此地，集展示、展演、展销、培训、研学和文旅咨询服务等多种功能于一体，融合了绍兴市30余项非遗资源项目，是展示绍兴优秀非遗资源和非遗保护生动实践的窗口，也是一个推动非遗保护成果社会共享的

重要阵地。浙江省绍兴市文化广电旅游局和非遗中心是项目蓝图绘制的引导者，北海街道是最初项目概念的设计者，文旅部门和街道办事处合作

绍兴非遗客厅（图源：绍兴市文化广电旅游局网站）

发力，引进非国有的越红博物馆来负责建设、经营，为其提供房租减免政策，协助引进其他非遗项目等。此外，"绍兴非遗客厅"也是绍兴市级非遗越红工夫茶的传承基地，负责人杨思班说，非遗项目投资周期长，离不开政府扶持，应当积极探索政府力量主导、民间力量运营的新方式，为非遗项目提供更多展示、销售场所，打开发展空间。

2.打牢精神印记，为传承续薪火。非遗代际相传薪火不断，靠的就是以传承人为纽带构筑的物理与精神空间。传承人是民间艺术等非物质文化遗产的重要承载者和传递者，是文化遗产活态传承的关键。西藏自治区民族艺术研究所所长努木开明宗义地表示，只要抓住了"人"这一核心，就抓住了民间艺术传承、非物质文化遗产保护的关键所在。西藏自治区高度重视非遗事业，加强非遗传承人保护，更好地促进非遗活态传承。一方面，自2015年以来，西藏自治区群艺馆（区非遗保护中心）完成32名国家级非遗代表性传承人和6名自治区级非遗代表性传承人记录工作，内容涵盖藏戏、藏族天文历算、藏药炮制、藏香制作和藏族矿植物颜料制作技艺等。其中，代表性传承人口述片总计140余小时，文字16余万字。另一方面，全面开展非遗进校园工作，将西藏大学等7所院校命名为"西藏非物质文化遗产进校园示范基地"，组织开展非遗普及培训班，大力培养青年传承人，为推动西藏自治区非遗工作永续发展提供了人才保障，推动了非遗传承人薪火相传、永续不断。

3.立足非遗传统，发掘市场力量。传承非遗需要在保持传统文化核心不变的基础上，不断与现代社会相融合，注入新的元素和创新力量，

"如意甘肃·多彩非遗"全省非遗展演（图源：甘肃省文化和旅游厅网站）

推出具有现代审美和市场需求的非遗产品。甘肃省张掖市，地处河西走廊中部，不仅蕴含着深厚的历史文化底蕴、丰富的旅游地貌景观、大量的物质文化遗产，而且拥有凝结着先辈智慧、彰显着张掖历史的非物质文化遗产以及丰富多彩的民俗文化。张掖市以非遗传承保护为有效载体，通过"文化和自然遗产日"对非遗进行集中宣传展示，推出了包括甘肃省非物质文化遗产系统性保护成果展、"如意甘肃·多彩非遗"全省非遗展演主题晚会、甘肃省非遗影像展等一批具有鲜明地方特色、符合时代特征的精品活动。此外，2023年张掖市在民乐县举办"二月二"民俗文化系列活动，舞龙表演、文艺汇演、科普宣传、非遗节目展演、荡秋千、剃喜头风俗体验，群众性趣味体育和特色美食展销等活动，进一步使人民群众感受到非遗和民俗的魅力。在张掖市，越来越多的人加入"非遗"保护行列中，让"非遗"在新时代散发出了新的魅力。

提高非遗传承发展水平，是增强文化自信自立、建设文化强国的重要途径和必然选择。当前我国非文化遗产保护工作呈现良好局面，但解决好非遗传承"后继无人、断档脱节"的问题仍任重道远。**一要**开展非物质文化遗产资源调查，排查和摸清非物质文化遗产资源的种类、数量、分布状况、生存环境、保护现状，对那些濒临失传的文化瑰宝及时开展非物质文化遗产代表性项目和代表性传承人记录工作。**二要**持续完善人才培养体系，一方面加强非物质文化遗产传承人培养，尤其是对中青年非物质文化遗产传承人的培育，通过制订传承人培训计划、指导传承人开展传习活动等在全社会范围内形成合理传承梯队；另一方面，加强非物质文化遗产创新团队建设与优秀专家培育。**三要**加大非遗传承保护宣传，增强社会公众尤其是年轻一代的非物质文化遗产保护意识。采取中央地方同步开展、线上线下一体推进的方式，组织开展形式多样的非遗宣传展示活动，进一步提高人民群众非物质文化遗产保护意识。**四要**数字技术赋能非物质文化遗产保护，加大针对非物质文化遗产数字化的专业性规划和政策指导，通过先进的数字技术更加有效地保护、传承和弘扬非物质文化遗产，多措并举切实保护好、传承好、利用好非物质文化遗产，让百姓感受到非物质文化遗产就在身边。

后　记

习近平总书记指出："要坚持以人民为中心的发展思想，切实解决好群众的操心事、烦心事、揪心事。"民生无小事，枝叶总关情。群众的操心事、烦心事、揪心事解决得越好，他们的获得感、幸福感、安全感就越强，我们党的执政基础就越巩固。那么，哪些是人民群众的操心事、烦心事、揪心事？怎样才能解决这些操心事、烦心事、揪心事？人民群众怎样才能增强获得感、幸福感、安全感？为了进一步明确方向，解决问题，我组织编写了《民生关切事》一书。

本书由中共中央党校（国家行政学院）科研部副主任、教授、博士生导师洪向华担任主编，设计提纲、组织书稿、统稿，并负责前言、后记的撰写。具体的编写任务分工如下：中国地质大学（北京）马克思主义学院副教授杨润聪、硕士祝宗慧共同承担第一、二、七章；北京化工大学马克思主义学院讲师、博士于欢承担第

三、六、十一章；山东大学马克思主义学院博士张光泽承担第四、十三章；北京化工大学马克思主义学院讲师、博士王海璇承担第五、十八、十九章；山东大学马克思主义学院博士赵培尧承担第八、二十五章；山东大学马克思主义学院博士王辰承担第九、十章；中共中央党校（国家行政学院）党建部博士杨佳惠承担第十二、十四章；山东大学马克思主义学院博士解超承担第十五、十六、十七章；中共中央党校（国家行政学院）党建部博士李梦珂承担第二十、二十七、二十八章；中国纪检监察学院党建部助理研究员、博士张杨承担第二十一、二十二、二十三章；中国石油大学（北京）马克思主义学院讲师、博士冯文燕承担第二十四、二十六章。

由于时间仓促，能力有限，本书不足之处在所难免，有些内容也需要进一步完善。在写作的过程中，本书参考了大量的著作、论文，未能一一列举出来，一并对业内同行表示感谢。因书中所用部分图片的拍摄者信息不详，无法一一联系或确定著作权人，请相关著作权人与山东人民出版社总编室联系，略付薄酬，聊表谢忱。

山东人民出版社副总编辑王海涛、重点项目编辑室编辑崔敏、战海霞等同志做了很多具体工作，给出了非常宝贵的建议。在此，对他们的辛勤劳动表示感谢。

洪向华

2025 年 1 月